牽手，遊於藝

探訪歐洲藝術寶庫

阡陌·著

宋序：歐洲美術館尋夢之旅

　　個人喜好繪畫藝術，除了學習繪畫的基本功夫，也需培養良好的欣賞能力。這份眼光是從欣賞藝術精品，日積月累磨練出來的。

　　二十多年來，趁出國開會之便，總會撥空參觀當地美術館，欣賞歷代各派大師的經典佳作，佇立在一幅幅的真跡前，細細品味。原作上色調的層次、肌理的細緻、微妙的畫面等等技法，往往不是畫冊能夠呈現出來的。同時，每一座美術館的設計風格，又是另一件藝術佳作。

　　內人對我的尋夢之旅，全力支持。每次走進美術館，總要流連大半天，甚至一整天，中餐大都在館內享用。回家的行李中，往往塞滿了一本本厚重的畫冊，這些畫冊是我創作的參考書。她則將旅途中的感動轉化成文字，多年來累積了不少作品。我鼓勵她集結成書，和讀者分享。

　　不同於一般的美術館巡禮，本書偏重在旅途中的體驗與感動。

一路探索下來，她從門外漢轉變成藝術愛好者，加上長期在台北市立美術館當義工，不斷吸收各種風格的作品，眼光慢慢昇華，對我的作品不時能提出中肯的意見，成為創作上的知音。

　　旅途中，有時會遇到繁雜艱難的交通問題，兩人總能同心協力加以克服，尤其是她那股努力堅持的精神，令人感佩。

　　這本書將帶給你一些驚喜，祝福你安排一趟屬於自己的尋夢之旅。

宋永魁

自序：探索一座城市的靈魂

　　一個地名，嵌鑲在地圖上，閃爍著寶石般的光芒，時時引誘著你去探索。

　　打從識得它的那一刻，那個城市的美麗身影，便深深烙印在心底。不時地騷動著，直到你前去與它相遇，方得罷休。

　　山岳湖川的擺置，或壯闊，或秀麗，那是上帝的精心傑作。巍峨聳立的建築，或哥德，或巴洛克，是先代大師的鬼釜神工。美術館裡，各時期、各流派的畫作，更是多少天才揮灑出來的生命精華。

　　一個城市的山川景致和藝術風華，與生活其中的人相互融合，彼此醞釀出它特有的氣質。

　　每一個城市，都散發著它獨一無二的靈魂特質。

　　而旅行，不再只是風花雪月的瀏覽；不再只是山光水色的邂逅。旅行，已然成為一趟靈魂故鄉的追尋，更是一場生命情境的移轉。

　　在一趟又一趟的追尋裡，心境情懷隨之一點一滴地昇華。

一個城市是一座寶庫,每次出遊,總也會拾得幾顆寶石,這些形色不一的珍寶,閃耀著不同城市的光輝,轉化成我獨一無二的生命寶藏。

本書得以順利付梓,承蒙名作家「黛媽咪」汪詠黛老師悉心指導,在此深致謝忱。

牽手,遊於藝
──探訪歐洲藝術寶庫

牽手‧遊於藝
——探訪歐洲藝術寶庫

牽手，遊於藝
——探訪歐洲藝術寶庫

義大利

ITALY

噢，翡冷翠

　　這個文藝復興的重鎮，英譯名字叫佛羅倫斯，中國詩人徐志摩則以義大利發音（Firenze），譯成翡冷翠。為了這顆晶冷的翡翠，與外子懷著朝聖般的心情兩度前來探訪。

　　站在百花教堂卵圓形的八角圓頂外俯瞰，整個翡冷翠的城景盡收眼底。

　　今天即將離開，一雙眷戀的目光，努力搜尋著每一個景致，為的是道一聲依依離情。

　　遠處，聖米里亞托教堂靜靜地屹立山頂。白綠相間的大理石塊，拼疊出浪漫又莊嚴的幾何圖案。西斜的陽光下，二樓中央的聖像畫閃爍著輝煌金光。整座教堂是一尊精緻的藝術品，與山下美麗的城市遙相輝映。猶記得，向晚時分，與它初照面的那一刻，竟有著似曾相識的悸動和喜悅，渾然忘了一路跋涉的疲累與燥熱。

一尊放大的《大衛》雕像，巍然聳立在米開朗基羅廣場中央，一雙充滿智慧的眼神，穿透時空，深情地守護著山腳下的一景一物。

嫵媚的阿諾河，或呢喃，或低吟，日夜不停息。

河畔一棟ㄇ形建築，是烏菲茲美術館。在館裡，我們遁入時光隧道，與波提且利、達文西和拉斐爾等文藝復興前後期的大師們，曾有一場心靈的交會。站在波提切利的《春》前面，春神芙羅拉全身披戴花朵，婷婷玉立在百花齊放的大地上，散發出一片欣欣向榮的歡愉氛圍。

造形奇特的維奇歐橋上，櫥窗裡的金雕銀珠，散發出誘人光芒，引得遊人愛不釋手。

阿諾河對岸的碧提宮，宏偉壯麗的建築裡展示著梅迪奇家族的豐富收藏，有拉斐爾和丁多列多等義大利大師的作品，珍貴的畫作，陳列在豪華的展場裡，流連其中，往往令人忘了身在何處。宮後方的波波利花園，清涼寧靜，我們並肩在濃蔭下小憩，將欣賞過的藝術品一一沉澱在心田裡。

莊嚴的梅迪奇教堂裡，安眠著創建翡冷翠的幾代家族。而米開朗基羅所雕的《晝與夜》、《黎明與黃昏》兩座雕像，更傳頌著貴族豪門和藝術家之間，相知相惜的感人遇合。

繁忙的中央車站，我們曾在那廣場前搭乘7路公車，穿過曲折炎熱的街道，去到山頂的斐耶索，享受難得的清幽與涼爽。

大衛▲

但丁的故居，隱在附近的巷弄裡。美麗的翡冷翠，給予詩人源源不絕的靈感，而詩人更以精萃的詩文回饋古城，使她益添豐華。那一夜，漫步小橋邊，恍如瞥見但丁與貝德麗彩，相遇在維奇歐橋上的款款儷影。

外觀樸實的學院美術館裡，典藏著米開朗基羅的《大衛》原作，以及他的一群其他雕像作品。大師的一刀一斧，展現出強勁的力之美。《大衛》是翡冷翠的靈魂，人們把真跡典藏在館裡，而在市政廳前放了一個分身，在米開朗基羅廣場又聳立一座更大的仿作。於是，《大衛》融入了翡冷翠的空氣中，與居民共度晨昏，共享日月。而遠來的遊客，在短短的旅程中，總也有幸與《大衛》共徘徊。

閃閃生輝的施洗禮拜堂，因

聖母百花大教堂▲

為有吉伯特銅雕的《天堂之門》，更顯得尊貴榮耀。遊客摩肩接踵，睜大眼睛，解讀著門上一塊一塊的聖經故事。

還有，近在眼前，那巍峨聳立的喬托塔，白綠相間的方形高塔，那麼雄偉，那麼華麗，卻又那麼精緻。

喬托塔、施洗堂和百花教堂，三者凝聚在一塊，成為翡冷翠怦怦然跳動不息的心臟。

這裡一尊、那裡一棟的絕世巨作，錯落有致地安置在山巔、在水湄、在平地，雕琢成一座璀璨典雅的城市。

走筆至此，已然辭窮。只能從肺腑深處，發出一聲長長的讚嘆：「噢，翡冷翠！」

喬托塔▶

維奇歐橋▼

——探訪歐洲藝術寶庫

徜徉在文藝復興的光圈

6月，誘人旅行的季節。

西元2000年，陪同外子參加在義大利波隆那舉行的醫學會議，順便延伸出一段美麗的旅程。

翡冷翠、西恩那、聖吉米尼阿諾、比薩、帕度瓦等城鎮，鑲嵌在義大利中、北部，閃爍著文藝復興的熠熠光輝。

這次再度遊訪翡冷翠，竟有著老友重逢般的親切和溫馨。

清晨，一般遊客仍在睡夢中，我倆盤桓於百花教堂前，闊綽地享受難得的清靜與優閒。大教堂紅色的圓頂建築以及四方形拔地而起的喬托塔，高聳在城中心，是翡冷翠的美麗地標，訴說著梅迪奇家族的財力，更閃耀著那一代建築大師的智慧與才華。從烏菲茲美術館出來，滿腦子裡更是交織著文藝復興大師們的圖像和色彩。

住在帕度瓦的醫師麥可夫婦，開車前來翡冷翠載我們馳騁托斯卡尼平原。一路上，只見葡萄園和橄欖樹綿延不絕，直到天

高塔 ▲

際。啊，好一片豐饒的平原！葡萄釀成酒，橄欖榨出油，為這片土地創造了豐厚的財富，更孕育出輝煌燦爛的文藝復興文化。

聖吉米尼阿諾
──高塔林立的山城

聖吉米尼阿諾，一座建在山丘上的中世紀小城，櫛比的高塔，競相聳立在蔚藍的天空中，人類炫耀財勢的心性，古今中外，竟是有志一同。

沿著唯一的街道往上走，精巧的商店羅列兩旁，遊人隨意進出，涼風習習，優閒而自在。

來到上方一個小小的廣場邊，發現有人在排隊，原來是家冰淇淋店。麥可招呼我們排入隊伍，他強調說：「義大利的冰淇淋是世界有名的，好吃又不發胖。」

我點頭笑開懷，因為在翡冷翠的四天裡，我早已領受了它的魅力，種類之多，令人目不暇給，口感滑嫩綿密，淡淡的果香，濃稠而不甜膩，一天吃它三回也不厭倦，逗得味蕾歡欣鼓舞。

麥可為大家點了得過亞軍的櫻桃口味，四個人邊走邊舔邊談笑，為聖吉米尼阿諾留下清甜香濃的回憶！

西恩那──巧遇帕里歐祭

西恩那的美，在那微微斜坡上，狹長的深巷裡。巷弄間，不時會出現雙層拱門，把長長的街巷襯托得益見神祕。家家戶戶的門牆上插著旗幟，貝殼廣場的四周，工人忙著搭建看台，這一切都是為了迎接即將到來的帕里歐祭（Palio，又稱賽馬會）。為了紀念聖母瑪利亞，這個發源於中世紀的活動是西恩那的大盛會，每年7月2日和8月16日，來自十個教區的騎士齊聚在貝殼廣場，騎上無鞍馬匹繞著廣場奔跑，這項比賽僅僅九十秒便一決勝負，氣氛緊張又刺激，勝利者的獎品是一面絲質錦旗。賽會期間還有傳統活動和化妝遊行，彷彿是一場嘉年華會。

6月30日夜晚，我們有幸欣賞到古裝遊行。從餐廳出來，沿著街巷散步，忽然牆上的擴音器響起柔和的聖樂聲，不遠處隱隱出現一隊身著中世紀服裝的隊伍，由一隊神職人員領頭，手上舉著蠟燭，兩旁有一列身強力壯的青年執掌大旗，捍衛著大隊行進。

神職人員後面排了長列信眾，尾端還有一些臨時加入的未著古裝的民眾，冗長的隊伍，靜靜地隨著聖歌緩緩前行，莊嚴安詳的氛圍，彷彿置身在中古世紀裡。不知過了多久，隊伍終於過去了。

「太神奇了，以前只在報章上讀到介紹，沒想到今晚能親眼看見這樣的宗教遊行。」麥可讚嘆說。

主教堂的建築融合了羅馬和哥德的風格，外牆與內部的柱子，一律以黑白條紋相間的大理石砌成，獨特而顯目。它的規模和特性，堪與翡冷翠的大教堂媲美。

市政大廈內的市立博物館，陳列著西恩那畫派的壁畫；主會議廳中有一系列羅倫傑提所繪的世界地圖濕壁畫，和馬提尼的《佛萊諾的守護者》。西恩那天主堂裡有一件杜契奧的祭壇畫《莊嚴》，聖母的臉龐流露出包容與安詳，這幅畫不僅是西恩那市的一大宗教成就，也是藝術史上的一件偉大作品。

由於位居托斯卡尼的中心，歷代領主又深諳經商之道，因此西恩那累積了豐厚的財富，西元1472年設立了世界第一家銀行Monte di Paski，目前是義大利三大銀行之一。

當晚，麥可請我們到一個歷史悠久的餐廳，柔和的燈光配上典雅的擺設，散發著文藝復興的氛圍。

老闆推薦了一瓶當地出名的紅酒，接著開始點菜。

「這家的丁骨大牛排和野菇麵非常有名，材料都是托斯卡尼平原生產的。」麥可介紹說。

不多久，侍者端來一大盤野菇寬麵，淡綠的麵條間點綴著片片深褐色的牛肝蕈，香氣四溢，挑起一撮送入口中，麵條滑嫩、野菇香濃，引得味蕾在舌尖歡躍。

丁骨牛排端了上來，哇！盤子佔去了一半桌面，天底下竟有這麼大的牛排！

「兩個人大概可以吃完，加油！」麥可笑說。這是產自齊亞納谷地的特種牛肉，抹上一點橄欖油和胡椒，在柴火上烤成的道地托斯卡尼牛排，鮮嫩的肉質，佐以甘醇的紅酒，加上之前的野菇麵，啊，托斯卡尼平原的豐饒滋味，正緩緩流淌在五臟六腑間。

祝禱▼

義大利

◀比薩斜塔

比薩──斜塔風韻

　　隔天日正當中時分，來到比薩。這個城市因為政治與經濟的
穩定而建立了自己的文化特質，它的建築大量運用圓拱、長柱及
迴廊等羅馬式元素，形成獨樹一格的「比薩風」。神蹟廣場上的
建築群就是最好的詮釋。

　　被列入世界八大奇景的比薩斜塔，此時被粗條鋼筋攔腰綁
住，為的是防止它日益傾斜。幸好，當地居民和各地學者四處呼
籲，極力搶救，加上有關單位的努力，斜塔終於不再繼續傾斜，
並且在2001年10月重新開放。相對於它的傾頹，旁邊的主教堂，
更顯華麗莊嚴。

　　感謝麥可堅持繞道一遊，讓我見識到「比薩風」建築的特
色，和斜塔的遲暮風韻。

──探訪歐洲藝術寶庫

帕度瓦──文風淳厚的古城

　　次日來到帕度瓦大學參觀，學校的建築古色古香，典雅中散發出濃郁的學術氣息。6月是畢業的季節，校門牆壁上，張貼著許多畢業生的漫畫，誇張詼諧的手法，令人莞爾。

　　校內廣場上，遇見畢業生被親友修理的精彩畫面，十來位親友站成兩排，面對面用一隻手搭起山洞，另一手拿著樹枝，當畢業生鑽過山洞時，親友便紛紛用樹枝鞭打他，一邊還說些祝福的話。被打的尖聲怪叫，打人的開懷大樂，旁觀的人則哈哈大笑。麥可沉浸在那遊戲中，過了半晌才笑著說，那是大學裡的「優良傳統」，他也曾經這樣被整過。

　　出得校門，看見一位女孩直挺挺地站在石墩上，只穿內衣褲，任由兩位朋友在身上塗抹顏料，咖啡色的塗

▼被妝扮的畢業生

料抹得滿頭滿臉，大功告成後，創作者得意地拍照存證，被創作者則像一尊雕像，直立在那裡，不知要多久，才能被解放。呵，這個歷史悠久的美麗大學，「優良傳統」還真不少呢！

　　在市立隱士博物館的一座祭堂裡，欣賞到文藝復興繪畫之父——喬托在十四世紀初所做的一系列耶穌生平的壁畫，大師揮灑豔麗的色彩，將小小的禮拜堂烘托得氣派非凡。

　　麥可的太太提香娜專攻古蹟建築，用她有限的英文詳細解說，遇到無法表達時，便透過麥可當翻譯。她的專業，使我們對這些閃亮的城鎮有更深入的認識。

　　三天行程裡，麥可夫婦的親切陪伴，豐饒的托斯卡尼平原，美麗的中世紀城鎮，這一切機緣，成就了一趟豐富的文藝復興之旅。

◀帕度瓦大學

牽手，遊於藝
——探訪歐洲藝術寶庫

心靈的文藝復興

　　斜倚在烏菲茲美術館長廊的椅子上，滿腦子交織著文藝復興時期的圖像與色彩。尤其是波提且利的《春》和《維納斯的誕生》，是如此純潔、超凡；達文西的《聖告》，朦朧的空氣中，呈現出寧靜神聖的氛圍；米開朗基羅的《聖家族》，表現出力與美；拉斐爾的《有金翅雀的聖母》是那麼柔和安詳。從這幾幅鎮館之寶的巨作中，讓人從過去威權的禁錮中隱隱嗅到人文的自由氣息。

　　從三樓往下望，《大衛》的複製雕像，聳立在前方的市政廣場一角，挺拔的身軀，好似在引導遊人，通往烏菲茲美術館的入口。

　　ㄇ形美術館的廣場上，人潮愈集愈密。而長廊上，一條蜿蜒的長龍，則愈拉愈長。

　　早上，我們也曾是那條長龍的一份子，緩緩蠕動了兩個小時，才進得館來。或許是薰染了古都濃郁的文藝氣息，愛逛美術

館的人，都具備有一分好整以暇的從容，長長的隊伍，每個人都耐心地等候，沒有喧譁，沒有焦躁。一條蜿蜒曲折的長龍，彷彿也成了美術館的一項藝術擺置。

每一次走進美術館，置身浩瀚豐富的畫作前，總有著無法一一品賞的懊惱。感謝吳錫江老師，在行前提供了一份清單，使我們省下許多摸索的時間，而能夠從容地細細品味諸位大師的經典之作。

移步至另一邊窗口，窗外，阿諾河悠悠流過。維奇歐橋上，人頭鑽動，想必人人都被兩旁櫥窗裡亮閃閃的金飾，眩惑得醺醺然吧！

此番重遊美麗的翡冷翠，對文藝復興大師們的作品，有著更多的呼應與感動。

曾經上過這一段藝術史，也從幻燈片上認識了一些畫作。於是，每當佇立在原作之前，竟有幾分老友重逢般的熟稔與溫馨。欣賞的角度，伸展得更深、更廣了。這是十多年前，初次踏上這座藝術寶殿時，不曾體會到的驚奇和喜悅。

我對「知識即力量」一詞，因此有了一番新的詮釋。所謂力量，應該是一份智慧、一種眼界吧！當我們的心開了，天地間各種美好的事物，都將汩汩注入心田。在那一刻，與千百年前的大師進行著一場心靈上的溝通，一如與三五好友，把酒言歡，那是一種跨越時空的感動與歡愉。

你的心理，做了多少的準備，那些作品，便給你同等的感應。

哦，知識帶給人歡愉的力量，竟是豐盈如此！

十五、十六世紀時，翡冷翠進行著一場重寫人類歷史的文藝復興；而在二十一世紀初始，一個遠來的東方旅人，在烏菲茲美術館，她的心靈深處也發生了一場文藝復興。

威尼斯迷走

　　醺醺然步出學院美術館，整個人仍沉浸在威尼斯畫派大師的風采裡。仰望喬爾喬尼詩樂一般的畫面，觀賞提香光彩愉悅的色調，甘美豐潤的旋律，內心充滿了溫暖的歡喜。

　　駐足學院橋上，憑欄小憩。天邊的夕陽，緩緩滑落海平線，微風習習，吹散了白天的酷暑熱浪。

　　再赴這一趟水都之約，倏忽已過二十載。攜手同遊的伴侶，當年的烏漆黑髮已染上灰白，心境也由陰鬱轉為明朗。

　　回憶初臨威尼斯，是個嚴寒的冬日，聖馬可廣場上除了三兩鴿群，遊人稀疏，天地間，只是一片寥落與空寂。

　　踽踽行走在小街、小橋間，冷漠的陽光把兩條孤單的身影，拉得好長好長。

　　拖著狹長扭曲的影子，一路尋尋覓覓，試圖在迷宮般的河道巷弄間，摸索出一方望得見前程的出口。無奈，跨過小橋，還有

大橋;越過小河,又有大河。撞來碰去的,盡是一堵又一堵冷峻堅厚的高牆。

當時的我倆,生命的旅程正走在十字路口,兩顆孤單忐忑的心,比起威尼斯的藍,更深沉、更濃鬱。

一個是為了追求更高深的學術,自費到英國留學兩年,論文出現了瓶頸,擔心是否能夠如期回國;一個是大病初癒,拖著虛弱的身軀,飛越千山萬水到倫敦探夫,並期盼趁著聖誕假期,安排一趟溫柔甜蜜的法義之旅。

然而,久別重逢,除了兩情繾綣,卻還摻雜了許多齟齬。分別將近一年半,各自肩負著現實生活的沉重擔子,見了面便忍不住想一股腦兒地傾倒出來。終日裡,我喋喋不休地訴說著孩子的成長點滴;照顧三個孩子輪流出水痘的辛勞;除夕深夜,背著發高燒、隨時會抽筋的小兒子,猛敲診所大門的焦急驚恐等等。急於與他分享所有的喜樂與憂愁,說著說著,想到凡事必須獨自承擔的孤單無助,不禁悲從中來,那份欣喜轉成陣陣委屈,而陷入抱怨、生氣的情緒之中。

兩人背著沉重的包袱踏上旅途,一路上往往為了找旅館、看表演、點餐,甚至買麵包,都會因意見相左而爭吵;明明應該是一趟浪漫之旅,怎會變成如此支離破碎?兩人陷入深深的懊惱、痛苦中,無法解脫。

半茫然、半懵懂中，輾轉來到學術橋上，橋下悠悠的河水，緩緩流向大海，流向天際。一霎時，眼前豁然開朗，但覺天也寬，地也闊矣。

　　生命像一場迷宮，不時地誘發著你去探索、去追尋。往往，在那摸索煎熬的過程中，前程路標早已隱隱然浮現。

不可思議的解剖室

　　2000年6月，隨同外子遠赴波隆納開會，應麥可醫師的邀請，拜訪了帕度瓦大學。

　　帕度瓦位在義大利北部，介於威尼斯與佛羅倫斯之間，有「學者城」的稱譽，麥可一家就住在這個充滿學術文化氣息的古老城市裡。

　　那天，麥可領我們參觀著名的帕度瓦大學，它創立於西元1222年。古老的建築臨街而立，處處散發著歷史的光量。

　　創立「地圓說」的伽利略，曾在此授課；《神曲》的作者但丁，以及詩人佩托拉克則曾經於這所大學就讀。這些大師的智慧結晶，成就了帕度瓦人文藝術的內涵。

　　適逢午休時間，麥可跑去找到管理員，說盡好話，央求他讓遠道而來的我們參觀著名的解剖室。

　　當小小的木門被打開的剎那，呈現在眼前的，竟是比劇院更精緻的一個空間。啊！這真的是刀光血影的解剖室嗎？

解剖室▲

一圈一圈的木雕圍欄，以同心圓層層往上擴展，而圓心的地上，就是當初擺置解剖台的地方。教授站在解剖台邊示範講解，上方則站滿一圈圈見習的學生，居高臨下，能夠一目瞭然地觀察整個解剖過程。

解剖室，給人的印象大都是陰森、冰冷，而義大利這個民族，卻將藝術與醫學巧妙地融合在一起，建立了一座如此精緻、溫暖的解剖教室。

木質的地板和欄杆，散發著溫潤和諧的氣氛，而每一根欄杆的精雕細琢，更洋溢著濃郁的藝術氛圍。

就在那一刻，恍然頓悟，藝術既然是無所不在的，當然也可以融入醫學之中。在刀光血影的解剖台背後，需要一股

濃厚的人文藝術做後盾，也許這就是當初設計這座解剖室的大師所秉持的理念吧！

今日，醫院被稱作白色巨塔，開刀房裡盡是冷冰冰的刀剪和儀器，然而，治療的卻是有血、有肉、有思想的身軀。抱著病痛來到醫院的患者，虛弱的身心所冀望的是，能夠得到周全而溫暖的照顧，早日康復。因此，一位醫者除了高明的醫術，還須具備高超的醫德和豐厚的人文素養。如果醫術加入藝術的陶冶，想必能培養出更多具有豐厚人文素養的醫師。

如今，這間解剖室已從醫學的領域功成身退。然而，卻像一朵奇葩，綻放在藝術的花園裡，吐露芬芳。

就是羅曼蒂克

　　這天，麥可夫婦要帶我們去拜訪酒莊，順便到小鎮品嘗道地的義大利風味餐。

　　已經傍晚了，義大利北部托斯卡尼的陽光，仍然熱情地灑在微波起伏的平原上。綿綿亙亙的葡萄園，逶迤無盡時；繁茂的橄欖葉，迎風翻揚，銀白閃閃；蒼翠的絲柏，成排挺立路邊，守護著過往車輛。

　　稀稀落落的農莊，點綴在豐饒的原野中，透著與世無爭的閒適與安詳。

　　車子奔馳在綠野間，久久不見其他車蹤人影。麥可一路詳細地介紹這片生養他的土地，言語間流露出感恩與驕傲。

　　一車四人，沉浸在溫柔青翠的大地中，開心地聊著，漸漸地麥可發現迷路了。在小路間繞來轉去，總覺不對勁。

　　好不容易，看見一對夫婦從葡萄園收工出來。麥可停車問路，農夫彎腰向車窗內嘰哩呱啦地說了一頓，惹得麥可夫婦大笑

不已。一旁的農婦也湊過來，又是一陣嘰呱歡笑，那場面，就像好友意外相逢，熱絡開心極了。我和外子雖然聽不懂他們在聊些什麼，但感染了那股歡樂，也跟著哈哈大笑起來。

道過謝，正啟動車子時，農夫又過來拍拍車窗，殷殷交代一番。

一場問路，問的人興高采烈，被問的人則歡天喜地。道別時，又像多年老友般，頻頻揮手說再見。

「剛才問他去奇安蒂酒莊怎麼走，他說明了幾個左彎、右彎的順序，還熱心地介紹那家頂級的酒，建議我們一定要買。臨走時發現忘了告訴我們最後遇到小叉路時要右轉，才不會多繞路。」麥可滿面笑容地解釋道。

車子折入葡萄園區，赫然發現每一行的起頭，都種著一叢玫瑰樹，嬌豔的玫瑰花在風中搖曳，給一片翠綠的葡萄園增添了幾許視覺上的美麗。問麥可，是有什麼特殊的風俗意義嗎？

麥可一臉正經地回答：「有，就是羅曼蒂克。」

車內爆出大笑聲。

噢，好個羅曼蒂克。這種浪漫情事，也只有義大利這個民族才做得出來吧！

其實，在葡萄園種植玫瑰是有其特殊用意的。玫瑰對葡萄生長的氣候和病菌格外敏感，只要玫瑰一生病，農夫便知道該如何對症下藥，搶救葡萄園。所以，玫瑰不只是羅曼蒂克，更是葡萄園的守護神呢！

牆上的守護神

牆上的守護神▲

　　在義大利旅行的時候，喜歡早起，漫遊街頭巷尾，仰頭尋找牆上的神像。

　　有時候是聖母瑪利亞，或是懷抱聖嬰圖，或是飄然升天像。有些地方則是耶穌基督，或是被釘十字架圖，或是頭戴荊棘的半身像。

　　麥可說，這是他們的守護神。

　　走著走著，童年時期，村頭莊尾的土地公像，隱隱然浮現在眼前。

　　原來，神明以不同的圖像顯現給各地的民族，以便人們親近祂，從祂那裡得著安慰與力量。

維洛那，露天歌劇饗宴

　　為了體驗露天歌劇的魅力，我們跟隨崔玉磐老師來到維洛那。

　　這個位於義大利北方的古城，市中心仍然保存著相當完整的古羅馬遺跡，最著名的便是圓形劇場。

　　這座羅馬帝國時期殺戮殘酷的競技場，如今變成夏天舉辦戶外歌劇季的圓形劇場，上演著《卡門》、《阿依達》、《杜蘭朵》等劇碼，可以容納二萬五千人，每年吸引數以萬計的歌劇迷前來朝聖。

　　當初建築的外側，是以拱形的三層牆壁環繞而成的橢圓形競技場，較長的部分有一百五十二公尺，短的部分有一百二十八公尺，雖已不完整，但從殘留的二樓牆壁和七十二個拱形門，仍可看出它的龐大，更能感受到帝國曾經擁有的強盛。

　　這次行程裡，欣賞的是比才（George Bizet）的《卡門》、威爾第（G. Verdi）的《阿依達》和普契尼（Puccini）的《蝴蝶夫人》三場劇碼。

第一晚的《卡門》，戲幕剛開啟，天空竟飄下微微細雨，心想披著雨衣欣賞，也饒富詩意呢！漸漸地雨勢愈來愈大，台上已經無法表演，劇場只得宣佈停演。觀眾感到無奈，卻沒人抗議鼓譟，大家依序排列出場。雖然只看了一幕，但卡門的濃膩唱腔，自主任性的笑貌，已然深深刻在心版上。由她口中唱出的這首詠嘆調，不難看出她對愛情具有絕對掌控的魄力。

　　　　愛情就像隻野鳥，

　　　　沒有人能馴服，

　　　　你的呼喊都將枉然，

　　　　如果它不想回應……

　　　　愛情像個吉普賽小孩，

　　　　什麼規則也不知道；

　　　　若你不愛我，我可會愛上你；

　　　　但若我愛上你，你可要當心……

　　　　當你想出其不意地抓住愛之鳥，

　　　　它已振翅而飛……

　　　　愛情已遙遠，你只能期待；

　　　　當你停止追逐，它又出現在你面前，

牽手，遊於藝
——探訪歐洲藝術寶庫

圍繞著你。

它來去迅捷……

你認為掌握得了它，它卻逃避你，

你認為你已自由時，它卻擄獲你。

《阿依達》的佈景呈現古代埃及軍隊凱旋歸來的壯大場面，令人震撼，那樣的大陣仗，搬演在高遠的星空下、寬闊的舞台上，真讓人感到痛快淋漓。而阿依達這位身陷敵國的女奴，只能眼睜睜地望著心愛的敵軍將領，押著以父親為首的一群同胞兄弟，內心的痛苦，真是無以名狀。一首詠嘆調，陣陣撕扯著觀眾的心：

凱旋歸來！

征服我的父親……

他（父親）拿起武器，

只為讓我得以重回祖國、王國，

在此卻得隱藏的顯赫姓氏。

征服我的同胞兄弟，將見到他染著所愛的鮮血，

洋洋得意地歡呼在埃及的軍隊中！

馬車之後，一位王者，我的父親被鍊條綑綁！

神啊！
讓父親的胸膛，
再度擁抱他的女兒；
消滅這騎兵隊，
對我們施暴的人！

啊！
我說了什麼？
我的愛？如何能忘！
這燃燒的愛，對被壓榨的奴隸來說，
有如太陽的光束，讓我快樂無比，
我如何能說出死的祈願，
對我如此深愛的他！

啊！在這人世間，
從未有如此撕裂人心的痛楚！

父親與愛人聖潔的名字，
我都無法吐露或召喚！
對於他……或是他……
都使人混亂顫抖，

我欲哭泣，也將祈禱。
但我的祈禱卻變成了詛咒……
眼淚成了罪惡，嘆息成了過錯……

在暗夜中失去了魂魄，
我將在這殘酷的痛苦中死去。
神啊！憐憫我的痛苦！
我的痛苦毫無希望。
致命的愛，可怖的愛，
撕裂我的心，令人致命！
神啊！憐憫我的痛苦！

　　阿依達和父親最後難逃被處死的命運，愛神卻眷顧著她，她
心愛的敵軍將領，毅然決然拋棄一切豐功偉業，擁著她共赴黃泉。

啊！人世，再會！
天堂之門為我們而開，飄蕩的靈魂
即將飛向永恆的陽光。

這樣聖潔纏綿的情愛，或許只應天上有吧！

《蝴蝶夫人》劇中，雷射燈光將場景佈置得疑幻似真。一位日本藝妓——蝴蝶對一個美國水兵的愛，深情、執著而剛烈，那首苦等丈夫歸來的詠嘆調《美好的一日》，從蝴蝶的櫻桃小口中幽幽唱出，格外賺人熱淚。

在天晴的那天，我們會看見，

在地平線那邊，

一縷輕煙升起，

然後船就會出現。

那白船，會駛入港。

他抵達了⋯⋯

我要枯站著等，

而且我不會覺得，等待是件苦差事。

等他到達時，會從遠遠的地方，

叫著蝴蝶。

我要躲藏起來，

一半是為了好玩，

一半是不想在重逢乍見時，喜極而死。

然後，略帶焦慮的，他會一直叫著，叫著

「我親愛的小妻子，芳香的櫻……」

這是他在這裡時，常用來叫我的名字。

一切將會如此，我向妳保證。

我將以永恆的信心來等待。

可憐的蝴蝶，渾然不知她的美國丈夫早已在他的祖國另築愛巢。日日站在山巔，癡癡地巴望著，有一天那艘載著夫君的船隻入港，以解她的綿綿相思苦。

餘音嫋嫋中，一輪將圓未圓的明月，斜掛在天邊，似也在聆聽蝴蝶的幽幽相思情。啊，古來癡情總是空遺恨！

維洛那▶

牽手，遊於藝
——探訪歐洲藝術寶庫

比利時

BELGIUM

布魯塞爾樂逍遙

　　晨霧微濛中，我們搭乘德國新車種ICE，從慕尼黑一路長征到布魯塞爾。八個小時的車程，車廂寬敞舒適，窗外平疇綠野，令人心曠神怡。如此良辰美景，不禁重溫起往昔，車上相逢的初戀情味。

　　火車快飛，從南台灣的擁擠慢車，飛到德比國界的豪華快車上。在車輪與鐵軌的廝磨聲中，歲月溜逝，南台灣的青澀少年，已然華髮叢生矣。

　　哦，哦，莫嘆時光太匆匆，且盡享眼前的風光與情韻吧！

　　那年，陪同外子到比利時開會，投宿在布魯塞爾城外，自由大學附設醫院近鄰的旅店。

　　白天，他去醫院參加講習課，我則獨個兒搭公車、轉地鐵，進城逍遙遊去也。

市政廳前有個華麗的大廣場。早晨的市集，花攤繽紛鮮亮，鳥市一片啁啾，藝品攤琳瑯滿目，賣藝人彈豎琴、拉提琴或引吭高歌，各顯絕技；搭配上周圍古典又精緻的建築，形成一個節慶般的歡樂廣場。

在皇家美術館流連了大半天，豐富的典藏引人著迷，尤其是法蘭德斯派的作品，更是令人嘆為觀止。

皇家美術館分為古典與近代兩館，前者是十五至十八世紀的法蘭德斯繪畫中心，後者則展出十九世紀至現代的美術品。兩館上下相通，任人優遊其間，方便而自在。

當年，法國革命軍在西歐各地教堂、修道院等，搶得許多藝術品到巴黎羅浮宮展示。漸漸地，藝術品多得超出羅浮宮的容量，便分散在各地，布魯塞爾的皇家美術館於焉成立。當拿破崙在滑鐵盧慘敗，這座美術館搖身一變，成為代表比利時王國的美術館，而一路發展至今天的規模。

可以說，巴洛克文化造就了今日布魯塞爾美術方面的成就。

晚上，與他的醫界朋友相聚吃「MUSEL」〈台灣稱淡菜〉。這是一家百年老店，不管你點什麼口味，清蒸、紅燒或焗烤，端出來的一律就是「MUSEL」。除了薯條和麵包，再無其他菜色，就連西餐裡常附的生菜也免了，十足的純吃「MUSEL」。

大家邊吃邊舉杯對飲，肥碩的「MUSEL」在嘴裡細細咀嚼，再佐以比利時啤酒，啊，真是人間美味！貝殼堆滿了一盤，撤下去，不一會，又堆滿了一盤。大夥吃得興味淋漓，直呼過癮。

　　這樣的用餐方式，倒是新鮮；沒有中餐勸菜夾肉的禮數，也不像西餐用刀使叉的麻煩，只管輕鬆地吃、自在地喝。平常在工作崗位上各自忙碌的醫生，從容談笑間，相互交換學習心得，其樂也融融。

　　這頓齒頰留香的「MUSEL」滋味，成為我初識布魯塞爾的一項美麗印記。

小橋流水布魯日

　　「布魯日」（Brugge）在荷語裡是橋的意思，位於比利時西北部茲敏恩河口，因為錯綜曲折的運河與五十多座的小橋，而被稱為「北方威尼斯」。從布魯塞爾搭火車前往，大約一小時車程。

　　週日，趁著講習會的空檔，和外子搭火車前去探訪這個美麗的古都。這座中世紀的古城，彷彿一顆鑽石，在運河邊閃閃發光。石板路硬又平，小橋流水多嫵媚。我們在古城的懷抱裡任意徜徉，享受她高雅的溫柔。

　　蜿蜒的運河，古老的教堂，倒映水面的中世紀建築，古色古香的巷道，啊，流連其間，恍如跌入時光隧道。

　　城中水道交錯，部分是天然河道，有些則是人工挖掘而成。多達五十座的大橋、小橋，橫跨在貫穿整個城鎮的雷爾河上，水道又串聯出小街小巷和許多的廣場，其中以博格廣場和市集廣場最有名。前者有座聖血禮拜堂，和市政廳等公家機構，千年以來，這個廣場一直被視為宗教與市政當局聯合的象徵。後者是布

魯日歷史城區的中心，觀光馬車終日穿梭不絕。廣場周邊有大會堂、鐘樓等中世紀建築，象徵城市自治的精神。

十二世紀時的羊毛紡織業和布料貿易，藉著航運輸送，為布魯日累積了豐厚的財富，而建立了先進的金融市場。

十四世紀後期，布魯日轉變為銀行業及文化中心。世界上第一本印刷的英文書，就是在這裡的William Caxton所印製的。

十九世紀中期後，布魯日轉型成為觀光勝地，吸引了絡繹不絕的遊客。

▼教堂　　　　　　　　　　　　　　▼愛之船

二十一世紀，被聯合國教科文組織列入世界文化遺產。

連綿在巷弄間的蕾絲店，精緻的織品令人目不暇給；各處林立的古建築，散發著濃郁的歷史文風，使人陶醉。

不遠處的愛之湖畔，有座古老的修道院，據說是專供單身女性安享晚年之用。綠蔭圍繞中，白色的建築與湛藍的湖水相輝映，寧靜而安詳。

轉入一座教堂後方的巷子，無意中，外子捕捉到美麗的畫面，於是放下背包，開始寫生。我則倚牆席地而坐，忙著編織白日夢。

咕咕鳥在樹梢咕咕叫著，春風習習，夾帶些許涼意。是怎樣奇妙的一份機緣哪！可以讓兩個來自東方的異鄉客，享有一個屬於布魯日的靜靜的午後。

直到夜幕低垂，我們才登上火車，踏上歸途。在車上猶頻頻回首，依依不捨地向這座典雅精緻的浪漫小城道別。

去安特衛普向魯本斯致敬

　　旅遊至比利時，我們特別安排一天，從布魯塞爾搭往北的火車去安特衛普，為的是向巴洛克畫派大師魯本斯（1577～1640）致敬。

　　從建築古老的車站出來，就感受到這個城市濃濃的藝文風情。

　　安特衛普市有個「魯本斯之家」，那是魯本斯生前的居所兼工作室，是一座豪華的巴洛克風格建築。魯本斯早年曾到義大利佛羅倫斯和威尼斯等地拜師習畫，深受啟蒙。回國後，努力創作，從前輩的既有風格中蛻變出來，成為巴洛克畫派的一代宗師。大師是位宮廷畫家，這個畫室為王室所建，十八世紀後期成為安特衛普的市產。魯本斯還因畫而貴，曾以畫家身分出使到英國、荷蘭等，成為和平使節，在繪畫史上可算是一個特例了。

　　畫室寬敞明亮，擺設著木製家具。館內作品大都為安特衛普市民的捐贈，還有魯本斯自畫像的原作及早期的小品畫。畫室的門上刻著一段詩句：

為寄於健壯身體中的健全精神而祈禱；為不怕死，不恨
死，寡欲而剛強的靈魂而禱告。

這是大師的座右銘。流連其間，腦海裡不禁浮現大師專注揮
灑作畫的情景。

安特衛普市民不吝將珍貴的畫作捐出來，成為公共財，讓更
多人觀賞；他們用這個方式向大師致敬，不禁讓我連想到台北市
立美術館裡，也有一些本土畫家的捐贈作品，站在這類畫作前，
總會忍不住為那份高潔無私的情懷感動連連。

從魯本斯之家出來，搭公車前去安特衛普皇家美術館，這座
雄偉建築內的收藏品，令人刮目相看。除了法蘭德斯繪畫外，更
有魯本斯的巨幅連作畫，將巴洛克線條流暢、色彩明亮的風格，
發揮得淋漓盡致，使人仰望而生崇敬之情。由於觀眾稀少，在沉
靜的氛圍中，能夠悠閒自在地欣賞，何其幸福！

安特衛普古雅、淳樸的文風，孕育了魯本斯豐沛的創作泉
源，而大師揮灑出的明朗色彩，照亮了安特衛普的天空，也榮耀
了這個城市。

大師與城市締結了一段深濃的藝術情緣，徜徉其間，格外感
到溫馨。

法國 FRANCE

牽手，遊於藝
——探訪歐洲藝術寶庫

在阿耳走尋梵谷的足跡

西元1995年，跟外子到法國南部開會，利用空檔，搭火車去亞維儂和阿耳遊玩。

從亞維儂坐巴士去阿耳，在普羅旺斯亮閃閃的陽光下，沿途除了葡萄園外，便是已收割的麥田和向日葵田。你可以想像，當它在盛開時節，那綿綿亙亙的向日葵田，該是怎樣地燃燒著一片赤燄啊！梵谷日日浸淫其中，向日葵的精氣已然融入他的魂魄，因而畫出了絕世的《向日葵》。

會議結束，我們又去了一趟阿耳。下了火車，直奔「黃屋」去用早餐，冥想梵谷和高更一起生活、作畫的種種情景，就在這裡，大師畫下了《阿耳的臥室》。接著我們開始按圖索「景」。

走訪《病院》和《廣場上的露天咖啡座》，見到病院的馬蹄型建築、庭院的花草繽紛，對照著圖畫，幾乎一模一樣；座落在小公園邊的咖啡屋，前面那條巷弄還是無盡延伸，只是少了夜晚燭光的溫柔氛圍。

上：病院▲
下：斷橋

去到郊外的《河邊的洗衣婦》場景，斷橋依舊開張在河面上，四周景色與畫裡並沒太大差別，只是少了一群洗衣婦女。接著去拜訪梵谷住進聖雷米精神病院時所畫的《星夜》和《兩棵絲柏樹》，陽光下蒼翠的田野一派祥和，無法將前者畫中漩渦般的線條、月亮和星星旋轉在空中的情景融合在一起；而那兩棵絲柏樹，依然翁鬱挺拔，跟畫裡翻捲纏繞、直衝上天的霸氣截然不同。

最後，流連在隆河邊，梵谷在此畫下《隆河上的星夜》。河堤畔，外子攤開畫本，揣摩著當年梵谷所站的位置，對著悠悠河水畫將起來。

循著大師的足跡，徜徉在這個純樸的小城。當年，阿耳市民將落魄的梵谷看成瘋子，

將他驅逐出城；今日，阿耳居民卻處處受其庇蔭，得享榮耀與財富。噢，這世間的「負」與「付」，該是如何計算法呢？

回程時到巴黎，站在奧塞美術館的那幅《隆河上的星夜》畫作前，內心湧現出莫名的親切和感動。深邃的夜空下，隆河靜靜地流，夜，是如此地安靜；大地沉睡，燈光倒映在水中，呈現粼粼波光，靜謐的夜空有星光閃爍。那一夜，梵谷佇立在隆河邊，他的心境，想必是難得地安詳、平和吧？

一位畫家，生前落魄潦倒，日日夜夜除了作畫，還是作畫。繪畫與生命，已經融合為一體。三十七年的人間歲月，畫出如此豐富的作品，莫非是上天刻意派遣下來的神筆？尤其是在阿耳時期，短短兩年半裡，竟畫下了兩百多幅的曠世巨作。或許，是阿耳熾熱的陽光和燃燒的向日葵，激發了他潛藏的創作生命吧！

日落時分，跳上火車，猶記掛那個蓬鬆著滿頭紅髮，用盡生命能量，揮動彩筆的身影。

廣場上的露天咖啡座

台北市仁愛路四段圓環邊，一棟大樓的牆面上，栩栩如真地呈現著梵谷的一幅巨畫《廣場上的露天咖啡座》。

根據記載，這是梵谷抵達阿耳之後，第一次敢於小鎮的中心點，架起畫架寫生的作品。

只因為想觀賞這幅畫，不知不覺間，行經圓環的次數增多了。最愛從仁愛路上，朝聖般地向著它緩緩行去。

那感覺，彷彿又回到1995年秋天，和外子穿梭在阿耳小鎮的情景，兩個畫癡，手捧畫冊，按圖「索景」，一一走尋梵谷作畫的景點。從一條小巷轉過來，眼前赫然出現這張《廣場上的露天咖啡座》的實景。

興奮地對照著畫冊，這裡指指，那裡點點。秋日的黃昏，廣場上一派寧靜。店家將牆壁刷成畫裡一樣的黃色，少了煤氣燈的光和影，白晝與黑夜的對照，也就只能從圖畫中去想像了。兩人模擬著當年大師是從哪個距離，將這個街景捕捉入畫的。小小的揣摩，穿插了小小的爭論，但並未減損對它的喜愛。

梵谷的露天咖啡座▲

　　梵谷以幾近裝飾性的構圖和色調來描繪小鎮的夜。畫面左邊，煤氣燈照明的區塊，光亮如白晝，他巧妙地畫出了白晝與黑夜的交界，而生性羞澀的梵谷，所等待的情感，其曖昧的性格，不言而喻。

　　咖啡座的後方，一條長長的巷子，好似銜接到教堂的鐘塔；鐘塔下方窗口透出的亮光，彷彿躲在暗處的兩對眼睛，冷冷窺視著世界。

　　秋日的阿耳，寧靜閒適，可以想像，它的夜晚當是更加安詳吧！可是，從構圖上詮釋梵谷在作此畫時，那種不安、疏離、期待和焦慮，卻朗朗顯現在畫面上。

莫非，阿耳的寧靜祥和，竟是如此地與大師無緣？難道，阿耳能夠給他的，僅僅是熾烈的陽光和冷酷的人情？

畫家滿腔的熾情熱愛，既然無法與人分享，那麼，只有將它全然投注於大自然中了。

阿耳時期，是梵谷繪畫生命的顛峰期。他每天清晨四點出門，背上笨重的畫架，跋涉十幾、二十幾里路，遠至郊外寫生，直到黑夜偷走了眼前的景色，才拖著疲憊的身軀回來。每完成一幅嘔心之作，就等於吐出了一年的生命之血。在短短兩年半的歲月裡，竟完成了兩百多幅巨作。

選了最近的位子坐下來，我們一廂情願地，欲將畫面上的那份疏離彌補起來。大師地下有知，會同意否？

畢竟，百年之後，且不論世人將他的畫作炒成何等天價，至少讓他知道，來自天涯另一端的崇拜者，是懷著一份深深疼惜的心情，意欲獻上幾許款款溫情。

天色漸暗，我們依依告別阿耳，屬於大師的夜間咖啡座氛圍，只有留待他日再結緣了。

仁愛路圓環邊，車水馬龍，日夜流轉。那幅巨畫，俯視著車流，與阿耳小鎮的悄靜，是如此地截然不同。然而，當走入畫的境界裡時，任它車馬喧囂，那一切，已然成為虛幻的海市蜃樓矣。

誠如詩人余光中所言：

大師為藝術殉道，把自身的詛咒化為對人類的祝福。一直
到現在，梵谷的每一幅熱心熱血傑作，即使是千千萬萬的
翻版，仍在世界的每一個角落，祝福著我們受傷的眼睛，
憔悴的心靈。

　　註：當年掛畫的外牆，現已改建成新的大樓，很慶幸曾經恭
逢其畫，作為一份對大師的溫暖追憶。

在荷蘭重溫阿耳場景

　　2009年6月底，和外子旅行到荷蘭，撥出一天從阿姆斯特丹搭火車，再轉公車前去庫拉·穆拉美術館（Kroller-Muller Museum），這座隱藏在國家公園裡的美術館，收藏有許多梵谷在阿耳時期的經典佳作，如《廣場上的露天咖啡座》、《河邊的洗衣婦》、《郵差》等等，站在一幅幅真跡前，《廣場上的露天咖

◀庫拉·慕拉美術館

——探訪歐洲藝術寶庫

啡座》白晝與黑夜的對照更鮮明了；《河邊的洗衣婦》，河水的波紋閃閃靈動；《郵差》的一把大鬍鬚捲曲而蓬鬆。賞畫之樂就在能夠貼近作品，與大師進行一場心靈對話。

更棒的是，館方容許拍照（不准用閃光燈），流連在館內，時而遠觀，時而近賞，左拍右拍，心滿意足地攝錄了大師的巨作圖像。

美術館外，濃蔭蔽天，綠草如茵，鳥鳴啁啾，徜徉其中，兩人輕聲討論著梵谷的畫作，度過豐盈愜意的一日。

鑲嵌在蔚藍海岸的珍珠

　　法國南部的蔚藍海岸，擁有傲人的天然美景，更因為燦爛的陽光，吸引了許多畫家來此居住，他們豐沛的創作，成就了可觀的藝術寶藏。

　　這些美術館或紀念館，散落在蔚藍海岸邊，彷如鑲嵌在藍絲絨上的閃亮珍珠，吸引著藝術愛好者前來探訪。

　　那年，陪同外子到蒙地卡羅開會，有幸得以探訪這幾座美術館。

馬諦斯美術館（Musée Matisse）

　　這座美術館位於尼斯郊外的山坡上，是一棟十七世紀別墅所改建的。赭紅和鵝黃色的外牆，掩映在橄欖樹林間，顯得搶眼醒目。野獸派大師亨利・馬諦斯（Henri Matisse, 1869-1954）從1917年移居至尼斯，直到1954年過世，三十七年的歲月裡，尼斯明亮

的陽光，供給畫家源源不絕的
創作靈感。馬諦斯曾經去拜訪
住在卡納須梅的雷諾瓦，也到
安蒂布跟畢卡索見面。同樣居
住在仙境的三位大師，想來內
心中應懷有惺惺相惜之情吧！

　　晚年的馬諦斯大部分時
間，都專注在素描、插畫及膠
彩剪貼畫上，曾為法國詩人波
特萊爾的詩集《惡之華》作版
畫，也曾創作著名的《爵士》
系列。

　　館中刻意佈置成馬諦斯
生前工作時的情況，收藏有油
畫六十多幅、素描兩百多張、
雕刻兩百多件、將近六十尊雕
塑，還有馬諦斯的私人收藏
品。館藏的數量雖然不算多，
卻能夠欣賞到大師從早期到成
熟等不同時期的作品，而《藍
色裸體》的系列剪貼畫，更讓

▲蔚藍海岸

▲馬諦斯美術館

法　國

人見識到馬諦斯晚期自由的畫風。

馬諦斯教堂

馬諦斯教堂▲

西元1951年，馬諦斯為文斯設計了一座教堂，從磁磚到窗戶，採用他膠彩剪貼畫的圖案，讓這座文斯教堂呈現出繽紛亮麗又充滿童趣的風格，在在流露出大師的創意精神。

從尼斯車站循著路標往山上去，街邊行人的步調漸漸緩和，笑容親切和善，愈往上走，愈覺閒適安靜。

不久，終於來到教堂，一堵白牆高高圍起，無從窺看教堂的樣貌。從狹窄的門口買票進去，哇，真是多彩亮麗！有別於一般教堂莊嚴

蕭穆的氛圍。午後的陽光，斜斜地投射在窗櫺上，把玻璃窗上的剪紙圖案烘托得明亮活潑，圖影映在地板和牆面，營造出豐富的剪貼組合。流連其中，恍如置身童話世界裡。

在尼斯的歲月中，大師呈現出一個嶄新的繪畫歷程，燦爛而豐富。

夏卡爾博物館

夏卡爾博物館（Musée Message Biblique Marc Chagall）位於尼斯山上，全名叫「夏卡爾聖經使命博物館」，設計完全依照大師的理念，在1973年7月7日開幕，當天是夏卡爾的生日，一位畫家能夠在生前主持自己的博物館開幕儀式，真是少有的福氣！

夏卡爾（Marc Chagall, 1887-1985）是出身在俄國的猶太裔，父親以販魚為生，家境困頓，父親總是以祈禱來獲得內心的平安，如此虔誠的宗教信仰深深影響著夏卡爾，日後也成為他畫作裡的重要元素。

當時在俄國的猶太人，不能接受高等教育。1911年，夏卡爾到法國學繪畫，從此展開了他的藝術創作之路。在巴黎羅浮宮觀賞前輩大師的作品，漸漸領悟到一位畫家應該用自己的方式畫畫，於是，嘗試以立體派的技法呈現對故鄉的情懷。

◀夏卡爾美術館

俄國的農村景象，牛、馬、驢和羊等動物，常常出現在他的畫裡。而聖經故事、教堂和天使，則是畫家對上帝之愛的的歌頌。

第二次大戰之前，夏卡爾的畫呈現出夢幻般的幸福色彩，小女兒出生後所畫的《出生》，畫面上他和妻子手拉手，身體飄飄然起飛。在許多畫作裡，夏卡爾習慣讓戀人飛翔在空中，或騎在花束上，來傳達戀愛中的甜蜜快樂。流連在畫作前，那股甜蜜的幸福感，不知不覺間沁入觀賞者的內心。

哦，畫之感染力，何其微妙！

二次大戰期間，猶太人遭到納粹的屠殺，殘酷的景象，讓夏卡爾受到強烈的衝擊，他所信仰的平和世界，驟然變成猶太人的煉獄。畫家走出了幸福之塔，創作出《革命》和《白色極刑》等撼動人心的畫作。

——探訪歐洲藝術寶庫

主展覽館展出夏卡爾1954～1967年間，根據舊約聖經的創世紀和出埃及記所畫的十多張大幅創作，畫家在聖經故事中融入花朵或戀人等自創的元素。一個較小的展場，則展示舊約聖經的歌之主題，呈現出夏卡爾的幻想世界和對上帝的敬愛。

有間音樂廳，可說是館裡的驚嘆號，彩色玻璃上的聖經故事，在陽光的揮灑下，圖畫中的人物栩栩如生，大師的色彩更顯繽紛亮麗。

醺醺然步出美術館，如茵草地上，春光溫潤，微風柔和，且閒坐片刻，細細反芻夏卡爾畫裡的溫馨甜蜜吧！

菲南德雷捷國家美術館

因為三位日本女士臨時取消行程，這天大會安排的司機賽門成了我個人的專用司機，載著我從蒙地卡羅南下，前往位於畢歐小鎮的菲南德雷捷國家美術館（Musee National Fernand Leger），欣賞機械主義大師菲南德・雷捷（Fernand Leger, 1881-1955）的作品。

這位二十世紀的現代藝術大師，出生在法國北部的諾曼第，身後卻由他女兒娜迪雅在南部建立了這座宏偉的美術館，1960年創立，於1967年捐獻給法國政府。

1920年左右，正逢現代藝術科技蓬勃發展的年代，電影、廣告和公共藝術刺激了藝術的多元化。雷捷受到這股風潮的影響，

把現實生活裡的人、事、物等元素帶入畫作裡，在當時是十分先進的藝術風格。有人稱它為「非人性」的創作理念。他的創作，融合了立體主義和機械主義，突出的風格，使他的名聲直追畢卡索和夏卡爾等大師，而成為二十世紀法國的一位重要畫家。

這是一座非常現代化的美術館，正面牆上用馬賽克鑲嵌了大師的作品，雄偉而壯觀。這裡完整地收藏了雷捷的作品，細細欣賞，可以發現大師畫風的蛻變。如1912年的《形式對比》系列，隱然透出畫家極欲擺脫立體派畫風的決心；1923年的《大拖船》，豐富的色彩，強烈呈現出大師的創作理念。樓梯間的《結構》彩繪玻璃，亦十分精彩。

在在顯示娜迪雅費心收集重要作品，更以拼畫、玻璃和地毯等各種材質來突顯她父親雷捷的創作理念。

畢卡索在安蒂布和瓦洛里

從畢歐小鎮出來，賽蒙開車往南走，來到安蒂布，這是蔚藍海岸上的一個古老村莊，臨海邊聳立著一座十六世紀羅馬式的城堡，第二次世界大戰後初期，從1946到1948年，畢卡索住在安蒂布，曾在古堡裡畫下許多作品，包括那時期創作的名畫《生之喜》，目前都保存在原地，這座古堡也成為畢卡索美術館。

賽門讓我在古堡前下車，約好兩個半鐘頭後回原地接我。

我迫不及待地登上古堡台階，推門進去，小小的院落裡，立著兩三尊雕塑，往裡走，這棟二層樓的古堡，有十間大小不一的展覽廳，空間不大，但展出的雕塑和畫作皆屬精品，那幅《生之喜》畫作，讓觀者也感染了那份喜悅。

出了一樓展廳，穿過中庭，通往二樓的階梯邊上，擺置了大師的陶瓷作品、彩繪的瓷盤，而磚紅色、充滿童趣的圓胖鴿子，真是令人喜愛。牆上掛滿了兒童畫般的版畫和素描，七十五歲的畢卡索，返老還童，創作出天真活潑的作品，天生的才華真是充滿了無限的可能。

二樓左邊最大的一個展覽廳，每一面雪白的牆壁上只掛一幅大型油畫，造形特別的吊燈，明亮的光線，如此寬敞的賞畫空間，真是豪華享受。

▲畢卡索美術館（瓦洛里）　　▲畢卡索美術館（安蒂布）

古堡後邊，有一條帶狀的庭院，矮牆上擺置了幾尊雕塑，在藍天碧海間顯得自由又自在。獨自徘徊流連，內心的感動卻是無人分享。

已是過午時分，饑腸轆轆，走向臨近的街市，買了三明治和果汁，坐在公園板凳上，默默享用午餐。公園邊有家冰淇淋店，興沖沖地買了兩球，口味跟義大利的比起來，竟有天壤之別。或許，法蘭西民族的味蕾，全都專注在美食上了吧！

賽門依約準時來接我回蒙第卡羅，沿途上，海水湛藍，帆影幢幢，好一片天堂樂園。

當天晚上，我興奮地向外子訴說一天的經歷，引得他羨慕不已。

「會議結束後，陪我走一趟畢卡索美術館，好嗎？」他央求道。

能夠牽手同遊，當然樂意。

兩天後，我們從蒙第卡羅搭火車到坎城，再轉乘公車去瓦洛里。

1948年～1955年，畢卡索移居到臨近安蒂布的一個陶藝小鎮——瓦洛里，他嘗試陶瓷器的創作，這些嶄新的藝術品，擴展了他的藝術領域，並獲得豐碩的收穫。

這裡有座國立畢卡索美術館，設立在一幢古老的建築裡，裡面展出不少陶藝品以及陶畫複製品。裡面有間像防空洞般的房間，其中有畢卡索留下的壁畫《戰爭與和平》。

畢卡索美術館（安蒂布）▶

出了美術館，來到街上，一條小小的街道兩旁，盡是陶藝商店，門口擺置了各式各樣的藝品。「村不在小，有大師則名」，一個小小的瓦洛里，因為畢卡索而吸引了來自各地的遊客。

　　離開瓦洛里，搭車去安蒂布。流連在大師的畫作前，時而做筆記，時而低聲交談，賞畫之樂，就在有人可以討論分享。

　　在蔚藍海岸邊的歲月，畢卡索享受著寧靜的生活，新伴侶法蘭絲（François Gilot）替他生了兩個孩子。大師的藝術創作，正如幸福的生活一樣，反映出他內心的喜悅和旺盛的創造力。

　　兩個來自東方的畫癡，因為大師的作品，在安蒂布和瓦洛里度過快樂幸福的一天。

GERMANY 德國

狂熱創意的柏林

柏林，就像一座實驗
室，蠢蠢欲動，躍躍
欲試，孕育著狂熱的
創造性；所有人都在
期待這座城市將要發
生的一切。

德國作家漢斯·薛琦
（1938～1998）如此形容
柏林。

上：施普雷河
中：柏林圍牆
下：街景▶

在德國城市中，柏林獨具魅力，雖然已有八百多年歷史，曾被一道圍牆切割了四十多年，但並未阻礙它的文化和商業的發展，而且渾身充滿活力，一直在求新求變。圍牆推倒後，柏林更是煥然一新，當年圍牆貫穿的波茨坦廣場，如今成為熱鬧的商區；東柏林歷史悠久的建築，以及全柏林多達一百七十座的博物館，在在吸引人潮前來做知性之旅。柏林的天空蔚藍完整，不再割裂。

託外子來此開會之福，先後三次拜訪這座城市，對於它古典又前衛的特質，留下十分深刻的印象。

仙樂飄飄──柏林愛樂音樂廳

舉世聞名的柏林愛樂團就駐在柏林愛樂音樂廳（Philharmonie mit Kammermusiksaal），先有卡拉揚（Herbert von Karajan），後有阿巴多（Claudio Abbado）領軍，這裡一向維持著世界級水準的演出，人氣鼎盛，尤其卡拉揚時代更是一票難求。

這座音樂廳是當代建築的典範，外觀黃褐色的五邊形造形，遠遠即可辨認出來，裡面有兩座演奏廳，大愛樂廳（Philharmonie）可容納兩千四百多人，以頂級音效著稱。小的室內樂廳（Kammermusiksaal）是後來增建的，可容納一千一百多人。兩廳的設計是舞台在中間，四周被觀眾包圍，購票時應注意

▲柏林愛樂音樂廳

座位的方向。

　　在這裡欣賞演奏真是人間一大享受，頂級的指揮、頂級的樂團、頂級的音響效果，加上高水準的觀賞者，置身其中，儘管放鬆心情，任由每個細胞去接收演奏者釋放出來的一個個音符，而不會被干擾。

　　初次拜訪柏林時，剛好當天下午一點愛樂廳有免費導覽，發現隔天有巴倫波因的指揮演出，可惜要離開了。第三度來到柏林，終於如願了。我們早早來到對街的餐廳用餐，對著柏林愛樂廳，享用沙拉和熱茶，清風微涼，那種悠然閒適，令人感到醺醺然。

　　懷著幾分興奮，走進這個音樂「神殿」裡，坐在A區10排21、22號，是個極佳的位子。今晚，由小澤征爾指揮，小小的個

子，滿頭亂髮，全身充滿童趣的「戲胞」，但是，當他揚起指揮棒，卻迸發出統御千軍的昂然氣勢。第一首是現代樂曲，高度的表現技巧令人激賞。第二首是柴可夫斯基的第一號交響曲，在小澤的魔棒揮舞下，一流的樂隊彈奏出串串熟悉的旋律。啊，此曲只應天上有，人間那得幾回聞？

雖然仰慕的指揮大師卡拉揚早已作古，但是那一種仙樂飄飄的氛圍，卻是久久縈繞心頭，譜成旅途中一首優美的詠嘆調。

忘憂宮樂悠遊

忘憂宮（Sanssouci）位於柏林近郊的波茨坦，是腓特烈大帝在1745～1747年間所打造的夢土樂園，融合巴洛克和洛可可風格的華麗宮殿，廣袤多元的花園，使它被稱為「德國的凡爾賽」，進而讓波茨坦成為一座美麗的城市。

忘憂宮已被聯合國教科文組織列入人類遺跡，是普魯士帝國留給後代子民優雅的建築典範。

一早，在動物園站搭乘往波茨坦的捷運S7線，至波茨坦站下車，出車站搭965號公車到終站，即是忘憂宮。

黃色的外牆，面向花園的一方有法國式高窗，採光良好，牆面上雕飾著三十六位酩酊大醉的酒神像，在陽光下閃閃生輝；宮前有一百三十二級台階，兩旁是綿延迤邐的葡萄園。

中國茶館▶

　　我們來到忘憂宮的前方，被那燦爛華麗的宮殿震懾住了，翠綠的葡萄園更將它烘托得如仙境夢土。外子相中角度，開始作畫，我則隱入花園深處，繼續探索。

　　招待皇室貴賓的新宮，是紅色巴洛克建築；仿義大利文藝復興式的橘園，作為賓館之用；新古典主義的夏洛滕霍夫宮殿，建築結構十分可觀；不遠處有座羅馬浴池，是當時歐洲流行復古的產物；轉個彎，撞見一座精巧華麗的亭閣式建築，是中國茶館，原來中國風也吹到這兒來了。

　　林蔭深深，花卉繽紛，一個轉折便豁然開朗，出現各種風格的建築，徜徉其中，驚喜連連，當個半日貴族，樂趣無窮。

　　下午兩點，突然下起大雨，雷電交作。兩人合撐著一把小雨傘，在雨中等公車，回到波茨坦火車站，又凍又餓，找到一家賣

炒麵的店，一位黑人男士，兩手賣力地翻炒著麵條，然後盛在盤中，加上佐料；一盤熱騰騰的麵端到面前，清爽可口。在德國能吃到如此道地的中式炒麵，嘖嘖稱奇之餘，內心不禁飄起縷縷幸福感。豆芽炒得香甜清脆，更棒的是沒有勾芡。清清爽爽的一盤麵，給波茨坦留下一份齒頰留香的回憶。

藝術寶庫──博物館島

博物館島因被施普雷河圍繞而隔離成為一個島，裡面有五個館：舊博物館、新博物館、國家美術館、皮加蒙博物館和波德美術館。建於1824～1930年間，二次大戰時被破壞，如今都已修復並開放參觀，並於1999年加入世界遺產名錄。

一、**舊博物館**（Alte Museum）：收藏了大量的版畫和素描，版畫有十三萬張之多，素描則是十八世紀以前的有六百張，十九世紀的四萬張，此外還有戰後歐美各國的美術品。

二、**新博物館**（Neues Museum）：展示古埃及西南亞的美術品和版畫、王室收藏的藝術品和德國古美術作品等。

三、**皮加蒙博物館**（Pergamon Museum）：所展示的是傅立得力比皇帝所收集的古希臘和東方的寶貴珍藏，整理得井然有序。巴比倫的伊修達爾門是件大型的真品，親臨

其境使人嘆為觀止；而藍色馬賽克拼貼成的獅子等浮雕，呈現出立體的色彩之美。

四、波德博物館（Bode Museum）：專門收藏埃及美術品，這棟建築在美術館島的最前端，外觀造形別具特色，走過短短的石橋，便可入內參觀。

五、舊國家畫廊（Alte Nationalgalerie）：因戰後西柏林再建一棟國立美術館，東西德統一後，便以新舊來區分這兩座國立美術館。

這座兩層樓宮殿式的建築，外觀宏偉壯麗，厚重的大理石階梯邊，點綴著雄姿英發的士兵銅雕，拾級而上，可感受到那份英勇氛圍。

推開厚重的木門進去（東柏林的美術館門是關著的，觀眾必須自己推開門入內參觀），一樓有二十多座大理石雕刻放置各角落，大都是十八、十九世紀的作品。四周的房間展覽著十九世紀的歐洲繪畫。哥雅的黑色調人像畫，表現出人物的沉靜風格；高爾培一百號的《怒濤》，果然是驚濤駭浪，震懾人心。

二樓的展示以二十世紀初期的作品為主，收藏有德國表現主義及構成主義的作品。

中間一個大展示廳內，瑞士畫家塞加提尼（1858～1899）的大作《回故鄉》，令人印象深刻。

這裡也收藏了一些後期印象派畫家的作品。

這座舊繪畫館所展示的都是繪畫精品，角落裡擺置的雕塑，也是上乘之作。建築外觀雖然有點老舊，但內部卻整理得非常好，共產統治五十年，對藝術品能夠盡心保存，實在是世人之幸！

前衛建築──柏林國立現代美術館

建於1968年的柏林國立現代美術館（Neue Nationalgalerie），以鋼骨和玻璃為主的建材，營造出摩登的外觀。它位在西柏林區域，德國統一後被稱為新繪畫館，收藏近代和現代美術品。

這裡收藏了不少德國表現主義先驅的作品，晦暗的色調，呈現出社會底層的生活。

威尼斯畫派大師喬爾喬尼的《青年畫像》，一如他其他畫作的風格，用色優雅，畫面寧靜祥和。

有一幅盧卡斯（Lucas Cranach the Elder，1472-1553）的《青春之泉》，曾被婦產科更年期學會引用為宣傳海報。人類致力追求青春不老祕方的精神，真是不分古今中外，有志一同。

印象最深刻的是荷蘭繪畫大師林布蘭特的精品多達二十七幅，除了荷蘭的國立博物館，就屬這兒最多了。一幅《戴鋼盔的男士》對光影掌握之精巧，令人嘆服；而大師的幾幅自畫像，厚重的肌理表現，更是經典之作，在荷蘭也難得一見。

這是一座佔地廣闊的現代建築，設計前衛新穎，展示廳高達二十多公尺，十分寬敞，四周的走廊也非常開闊，庭院內這裡一座亨利‧摩爾的大型銅塑，那裡一尊艾倫斯特的超現實雕塑品，把蒼翠的庭園變成大自然的展場。

　　欣賞過室內的精彩繪畫，出來閒坐走廊，陶醉在視覺的另一種享受中。

　　這座充滿現代感的美術館，本身就是一件藝術佳作。

▼國立現代美術館

在雨中尋找包浩斯

包浩斯——Bauhaus，是由德文Bau-Haus組成，Bau為建築，Haus是房屋。Bauhaus存在於1919～1933年之間，為國立包浩斯學校的通稱，是藝術和建築學校，傳授並發展設計教育，強調自由創意，包浩斯基本上是以藝術工藝家為中心所建構的工作坊形式在運作的。

這間學校是由德國建築師沃爾特・格羅佩斯（1883～1969）於1919年在威瑪創立的，抽象畫先驅康丁斯基和保羅克利等曾在此任教。第一個設計的建築作品，呈現出「冷，極簡，機械」的意象。之後因納粹執政和經濟因素，幾經搬遷。

1925年，在德紹設置了第一個以新鋼管材料設計的家具，並開始以工廠實習為團體操作。

1932年，遷至柏林，1933年在國家社會主義的壓力下解散。

幾位主要人物流亡至美國，美國的黑山學院讓這批包浩斯的教師繼續發揮他們的設計理念和影響力，很快地在建築領域建立起包浩斯的方法與理論。

1945年以後，由包浩斯校友馬克斯比爾領頭，設立烏爾姆造形學院，教育宗旨以包浩斯為典範。

1970年初，一組獲得認證修訂的家具和現成物上市，這些包浩斯風格的創意，對世界影響深遠。

1996年，包浩斯在威瑪與德紹的建築物，被列入聯合國教科文組織世界文化遺產。

為了參觀這個創意發想的博物館，清晨從旅館出發，依照地圖，估計半個鐘頭可以抵達。

外子開會去了，我享有一整天的自由活動時間，撐著一支小雨傘，沿著小路漫步。

小街小巷裡有住家、有小型辦公室，還有一家造形別具一格的小旅館。沿路花木扶疏，牆上或路邊不時會出現一尊雕塑，雨淅瀝淅瀝地下著，為寧靜的巷弄更增添幾分幽靜。徜徉其間，幾乎忘了身在異國。

來到一組前衛建築的辦公大樓，忍不住前前後後繞了兩圈，窗子細小狹長，柔和的藍色牆壁，在裡面辦公應該會擁有幾分輕鬆的心情吧！

走走看看，不知不覺過了一小時，照著地圖，趕緊回到去包浩斯的「正途」上，又花了半個鐘頭，越過一條大馬路，終於來到包浩斯博物館。

路口立著兩支長長的彩色鐵杆，順著小路往裡走，看到幾棟白色造形獨特的房子，轉個彎，便來到色彩絢麗的包浩斯博物館。原來它就在去美術館島的路上，100號公車有經過。

裡面陳列的盡是充滿創意發想的設計和日用成品。創意天馬行空，而產品卻跟人類生活息息相關。將藝術創作的精神轉化成

量化的產品，透過產品，引導人們進入藝術領域。

　　初進入時，不免受到衝擊，慢慢靜下心細細觀賞各種物件，漸漸體會出這個組織的深一層精神，原來，藝術也可以很貼近生活。

　　在雨中尋找包浩斯，認識了柏林那股狂熱的創意精神。

▼包浩斯美術館

——探訪歐洲藝術寶庫

怒吼的版畫

一個人在庫黨（Kurturstendam）大街閒蕩，寬敞的紅磚道上，有書報攤、有陳列各種商品的小櫥窗，早晨的街上，行人稀疏。我一邊瀏覽街景，一邊搜尋地址，為的是尋訪凱特‧寇維茲美術館。

凱特‧寇維茲（Kathe Kollwitz, 1867-1945）是二十世紀重要的女性畫家，一生遭逢兩次世界大戰。早年曾到慕尼黑深造，對當代作家如左拉、易卜生等人的作品產生濃厚興趣，同時也關注社會民主和婦女運動。1890年開始創作銅版畫，1919年，改學木版畫。她的作品充滿社會主義思維，主題總繞著農民與勞工，戰爭、饑餓和死亡。

1891年嫁給人壽保險醫生卡爾‧寇維茲，生育兩個兒子，他們住在貧民區，開辦了一所社會主義醫療診所，為貧民治病。

1893年，寇維茲首次展示她的作品。一個偶然的機緣，她接觸到一部名為《織工》的戲劇，戲中描述紡織工人的反抗行動，這齣戲促使她創作出一系列的版畫，作品在1898年展出，結果因為主題充滿了強烈的政治意識而造成轟動和譴責，評審想頒給她金牌獎，卻被皇帝否決了。這系列作品，後來在德勒斯登（1899年）和倫敦（1900年）都得獎。

凱特‧寇維茲美術館▼

1902年，寇維茲以十六世紀德國的農民戰爭為主題，開始另一系列的版畫創作。

1914年，次子戰死沙場，創作中斷。大戰結束，她重拾創作，風格變得較抽象，也逐漸認同左派和平主義。

1922～1923年間，創作了《戰爭》系列。

寇維茲作品的內容和風格，都冒犯了納粹，展出受到嚴格的限制。但她仍繼續創作。

1934～1935年，創作了以死亡為主題的系列。

1945年，二次大戰結束的前一年，逝世於德勒斯登近郊的山村。

美術館並不大，黑白色的素描和版畫作品，簡潔俐落，呈現出強烈的生命力，一刀一筆，彷彿都在為貧苦民眾發出滿腔的怒吼。

夏洛蒂宮前的美術館

為了觀賞幾幅十九世紀德國浪漫派畫家的名作，我搭公車輾轉來到夏洛蒂宮。這座造於十七世紀的巴洛克建築，是腓特烈三世送給愛妻蘇菲夏洛蒂的夏宮。宮殿後方有寬廣的法式和英式花園，一直綿延到施普雷河邊。一樓的浪漫藝術廳收藏有十九世紀德國浪漫派畫家的作品；郎漢斯殿則藏有歐洲石器、銅器和鐵器時代古物以及中世紀的物品。整座城堡，華麗中展現出帝王氣派。

夏洛蒂宮前方的一條街上，有三個美術館，值得參觀。

一、**埃及博物館**（Agyptisches Museum）：法老王之妻奈菲爾緹蒂的頭像，是鎮館之寶，那股高雅婉約的神韻，不愧是埃及史上的大美女。這裡展示了古埃及藝術品、木乃伊、棺木以及雕刻等，展場以燈光效果重現古埃及的神祕氛圍，令觀眾恍如走入「印第安那瓊斯歷險」的場景。

二、**貝爾古恩私人美術館**（Sammlung Berggruen）：位於埃及博物館對面，展示著貝爾古恩從世界各地收藏的珍品。貝爾古恩是位詩人、收藏家，更是個畢卡索迷。有為數眾多的畢卡索的繪畫、素描和雕塑，其中不乏大師的經典之作；保羅・克利的作品也極豐富，一些小幅的

▲夏洛蒂宮

　　畫作，充滿童趣。展場不大，但有幸能欣賞到大師們的
　　精彩真跡，內心感動連連。

三、**布洛漢美術館**（Brohan Museum）：館內的展示品，原
　　本是布洛漢的私人收藏，1892年，這位企業家將其珍藏
　　捐給政府，成立了這座美術館。展場以裝飾藝術和設計
　　為主，華麗無比。有幾幅青春派的畫作，是極好的作
　　品；新藝術風格的銀器、磁器和燈飾，擺置在各個角
　　落，精緻美麗，在在展現出收藏者以質取勝的優雅品味。

　　富而能夠游於「藝」，堪稱世間幸福人吧！
　　從美術館出來，正感到饑腸轆轆，走到夏洛蒂宮另一頭的對
街，找到前天導遊帶我們來的那家義大利餐廳（Opera Italian），

點一客海鮮麵和濃湯，美食當前，引得味蕾陣陣歡躍，心靈與口腹兩皆滿足，感恩之情溢滿心頭。

德勒斯登──維納斯的召喚

在歐洲藝術史上，有關維納斯的畫作不計其數，但令人魂牽夢縈的作品卻是屈指可數。由於何肇衢老師的建議，從柏林坐火車去德勒斯登，就為了觀賞義大利文藝復興時期，威尼斯畫派大師喬爾喬尼的那幅名畫《睡著的維納斯》。

那時東、西德才統一不久，有關東德的資訊極為缺乏，憑著一本旅遊指南，誤信上面註明的休館日是星期二，我們五個人在星期一搭六點的火車前去德勒斯登，車程大約三個小時。

「確定今天有開館嗎？」楊醫師質疑道。一般美術館大都在星期一休館。

「大概是東德的習慣吧？旅遊書上特別註明，應該沒錯！」我是這趟行程的規劃人，信心滿滿地回答。

火車到了德勒斯登，老舊的車站有點像工廠。沿著車站前的一條大馬路前行，兩旁盡是現代新穎、二十層樓高的觀光飯店，跟舊城古老典雅的景觀形成強烈對比。

二十分鐘後，來到茲溫葛宮殿前，走過短短的石橋，便進入宮殿的範圍。裡面有五座噴泉和廣大庭院，四周巴洛克風格的舊

皇宮，從十七世紀以後變成博物館，分為繪畫館、陶瓷器館、動物博物館和手工藝博物館。繪畫館一般稱為國立繪畫館。

二次大戰末期，德勒斯登受到戰火猛烈攻擊，當局將繪畫館裡的珍貴畫作緊急疏散到安全地，逃過被燒燬的命運，今天能夠站在宮裡欣賞這批珍品，實在是世人之幸！

興匆匆地走向繪畫館的大門，用力推，卻是鎖住了。

「啊，該不會是休館吧？」正猜疑間，瞄見上方的開放時間。哦，哦，不幸料中了。不死心，跑去問警衛，得到的答案確定是今天休館。我頹然跌坐在台階上，懊惱得快哭出來。

「怎麼會這樣？怎麼會這樣？」

「隔壁還有精彩的磁器可欣賞吶！」大夥連哄帶騙地，終於解開了僵局。

踏上磁器館灰泥色的階梯，推門進去，哇，彷如來到磁器夢工廠！迴旋優雅的展廳裡，廊柱邊、牆壁上，累累掛滿了大清皇朝的陶磁精品。這些中華文物，在水晶吊燈下散發出溫潤的光暈。隔壁展場的麥森磁器，是另一種風格的精品，色彩絢麗，釉工細緻，令人目眩神迷。

中午，在皇宮後方的易北河畔用餐，找個臨河的位子，河水悠悠，船隻緩緩，為這座沉睡初醒的古城增添了幾分律動生氣。

我點了鮮魚餐和一杯生啤酒，魚肉鮮甜可口，那杯琥珀色的啤酒啊，裝在高瘦喇叭花狀的杯子裡，像一件藝術品般，在陽光

牽手，遊於藝
——探訪歐洲藝術寶庫

下閃閃動人。

「嘿，這杯美麗的啤酒，可彌補了沒見到維納斯的遺憾吧！」外子試探道。

「維納斯怎可能輕易被取代？」我悻悻然回答。

五個人邊吃飯邊討論去留問題，最後結論是其他三人按原訂班車回柏林，我們夫婦倆雖然將行李留在柏林，但仍決定在此過夜，等待明天去「朝聖」維納斯。

送他們上了火車，回到大街上訂好旅館，往舊城方向漫步。天色漸漸暗下來，除了幾條熱鬧的商店街，四周民宅都很安靜，選了一家人聲鼎沸的餐廳用餐，燉牛肉香濃嫩透，啤酒甘醇，啊，乾杯，德勒斯登！

沿著大街醺醺然回到旅館，沐浴後無法更衣，幸好天冷，不必忍受汗臭味。

「真是兩個半百的瘋子！」外子揶揄著。

「嘿，若不癡狂，枉為人！」我高興地應和。

兩人努力工作，勤勞刻苦，偶爾放任一下，不也是一種享受！

在旅館用過豐盛的早餐，我倆往舊城行去，像是要去郊遊的小學生，一路上歡快雀躍。

左等右等，國立繪畫館終於開門了！推開厚重的木門進去，這是一棟兩層樓的精緻建築，鋪著黑白色大理石地板的大廳，寬廣氣派。一、二樓在中央區都有三個大廳，四周則隔成小間，引

導觀眾先觀賞大廳的大畫，再轉往小間欣賞小號作品。

事先得知《睡著的維納斯》被供在二樓，所以我們直奔二樓。哇！就在中央大廳的中間那個展廳，望見了《睡著的維納斯》。館方體貼地在前方擺了張長椅，供人細細觀賞。

空曠的原野上，裸身的維納斯沉浸在香甜的夢鄉中，溫柔婉約的面容、優雅放鬆的肢體，營造出一派寧靜祥和的氛圍，風與雲，靜止了；蟲和鳥，歇息了；一切都為了讓美人安睡。

這幅喬爾喬尼在1508年所畫的絕世佳作，將近五百年了，畫面保持完好，臉龐和肌膚的色彩依然明豔鮮亮。

喬爾喬尼在三十四歲那年死於一場瘟疫，活躍在畫壇的時間只有十年，留下的作品不多，卻都是撼人心弦的精品。

前看、近看，又端坐椅子上長看，漸漸體會到一位畫家受人尊崇，憑的是那份高超的創作功力。

這間展場中，另一幅拉斐爾的《西斯汀的聖母》也是精品。

德勒斯登被蘇聯共產統治五十年，對藝術品保存得如此完好，真是世人之福。

流連在一、二樓的展場間，開心地吸收著各幅名畫的精華，直到饑腸轆轆，才驚覺早已過午。臨走，又回到二樓大廳，跟《睡著的維納斯》靜靜相處幾分鐘，然後心滿意足地向車站行去。

啊，美麗的德勒斯登，因為《睡著的維納斯》更增添了幾分優柔典雅。

優雅酣暢慕尼黑

慕尼黑擁有兩座歌劇院、四十多個劇場和將近五十座博物館，其中兩座名列世界級，使她穩踞南德藝術文化中心的寶座。加上不計其數的宮殿、教堂，美麗的英國花園以及阿爾卑斯山頂的皚皚白雪，使得這個古都處處都值得細細品味。

相較於前衛的柏林，慕尼黑散發出傳統、優雅而又快活、酣暢的風情。

第一、二次世界大戰時，她曾遭到慘烈的轟炸，幸賴當局和全體市民努力重建，才得以恢復古雅的市容，而爭取到1972年世界奧林匹克運動會的主辦權；不料發生巴勒斯坦恐怖份子謀殺以色列選手事件，再度使慕尼黑蒙上陰影。幸好，潛藏的深厚文化和濃郁的啤酒香味，很快地使她再度重現優雅的風華。

為了嚮往已久的慕尼黑市立美術館，以及慕尼黑新、舊繪畫館，和外子兩度拜訪慕尼黑。

第一次只匆匆停留一天一夜，把時間都投入美術館。第二次則有三天的時間來探索她的內涵。

這個巴伐利亞的首府，不但藝文氣息濃厚，天然環境更是優美。住宅區林蔭濃密，市區則公園處處。雖然是個大城市，但沒有一般大城的喧譁浮躁，有的是恬靜安詳。

林巴哈之家──藍騎士寶藏

市立美術館又稱「林巴哈之家」，是由德國肖像畫家──弗蘭茲范‧林巴哈的館邸改建而成的美術館，他留下為數不少的肖像畫。

對這座精緻小巧的美術館有著難以言喻的喜愛，紅瓦黃牆的建築，花木扶疏的庭園，精巧中散發著悠悠然的閒適。更令人著迷的是，樓上特別開闢了一個空間展示「藍騎士」畫派康丁斯基、馬爾克和克利等大師的作品，其中又以康丁斯基的最為完整。

這位原本學法律的俄國人，在三十歲那年受到印象派大師──莫內，和德國偉大的音樂家──華格納的啟發，毅然前往德國學習藝術，而且以開啟新畫風為職志。

細細觀覽這位「抽象畫之父」各個時期的作品，探循他的創作歷程，從具體的物像中慢慢解脫，經歷一再的蟬蛻和破繭，終於創造出獨樹一格的繪畫元素，而成為抽象畫的一代宗師。早年

學習鋼琴和大提琴的根柢，使他後期嘗試將音樂融入幾何圖形的畫面中。我最喜歡他這一類作品，佇立畫前，除了能夠欣賞畫面的結構美之外，更能夠「聆聽」到畫中嬝嬝飄逸的優美旋律。

「藍騎士畫派」是德國另一支後期表現主義畫派，是西元1911年～1914年，以慕尼黑為據點興起的繪畫運動。因為康丁斯基的一幅作品《騎士》〈1903年〉，又因為他特愛藍色，故取名「藍騎士畫派」。強調創作應注重主觀、個性、情感及發自內心的表現。

▲上：林巴哈之家
　下：林巴哈之家庭園

新舊繪畫館——兩相互補

舊繪畫館與新繪畫館隔街相對，不同的建築外觀和館藏，充分發揮了互補的功能。

舊館的風格蕭穆，展品定位在文藝復興至巴洛克時期的畫作；入口一條長長的台階，象徵著通往藝術殿堂的遙遙路途，高深卻是有跡可循，盡頭處，推開一扇門，便走進了藝術的堂奧。

對街的新館寬敞明亮，風格輕快，很喜歡它的天然採光，光源從屋頂灑下來，柔和溫潤，比鹵素燈光美多了。陳列的是十九世紀法、德及斯堪地那維亞地區藝術家的創作，欣賞到印象派幾位大師的傑作，塞尚的《水果》、竇加的《燙衣女》以及梵谷的《麥田》、《向日葵》和《橄欖園》等，面對大師的真跡，內心總也難掩幸福的悸動。

新舊兩館豐富的收藏，都令人流連不已。

音樂鐘——童趣的回味

市區廣場上的新市政廳，新哥德式的建築，尖聳入雲，晴空下，畫出美麗的天際線。塔樓上有音樂鐘，每天十一點及正午報時，騎士、製木桶的工匠等造形玩偶載歌載舞，旋轉而出。晚間

九點的一場出現的則是守夜人、慕尼黑小孩及守護天使。在宏偉的建築上裝置了童趣的音樂鐘，是為了喚醒人們心底的那份赤子之情吧！這讓我想起布拉格的天文鐘和維也納的安卡時鐘，雖然呈現的人物各有不同，但栩栩如生的玩偶，卻是同樣令人著迷。

正午時分，人群齊聚在塔樓前方，仰望人偶翩然起舞，專注的臉龐，不分青春或蒼老，都浮現出陶醉滿足的笑容。

舊市政廳位於廣場東邊，高聳的塔樓嵌著各種市徽，塔樓內設有玩具博物館。

▼音樂鐘

瑪俐亞廣場周邊，人群一波波，徜徉在充滿巴伐利亞風情的小街道上，享受著悠然閒適。手搖風琴師、身穿傳統服裝的刺繡女，一幢茅草屋前，幾個身穿白衣、頭戴白頭飾的女子，向遊人叫賣麵包，那場景，恍如置身在森林中的小村莊裡。

乾杯，慕尼黑

每年9月中、下旬至10月的第一個星期日，是慕尼黑著名的「十月啤酒節」，更是德國啤酒文化的重頭戲。慕尼黑擁有六座大啤酒廠，啤酒屋總計有十五萬個座位，製造啤酒和喝啤酒，是慕尼黑的重要傳統；這場為期十六天、在特蕾莎草地廣場上舉行的盛會，總共要耗掉六百萬公升的啤酒。

我們無緣恭逢其盛，但並不感到遺憾。晚上，在領隊的吆喝下，大家相偕去啤酒館體驗德國的啤酒文化。偌大的空間裡，早已人聲鼎沸，侍者穿梭在擁擠的桌椅間，雙手高舉著超大的啤酒杯，快速送到客人面前。

前方正在表演笑鬧劇，努力逗客人暢飲；每隔一段時間，便有演員站起來高舉酒杯，嘹亮地用德語唱出飲酒歌，滿場賓客全員起立，也跟著哼哼哈哈，然後飲一大口啤酒。管他識與不識，鄰座甚至是隔桌的，都會舉杯吆喝一聲、相互乾杯，反正「同是啤酒屋裡人，對飲何必曾相識」！

德意志民族嚴謹的個性，在啤酒泡沫中漸漸融化了，深藏的樂天快活，慢慢浮現出來。整個酒館，杯觥交錯、歡暢連連。可以想見，十月啤酒節將是何等的盛況！

　　濃郁的藝文氣息和甘醇的啤酒風味，令人忍不住舉杯歡呼：「乾杯，慕尼黑！」

慕尼黑，預約了沒？

　　與外子到德國旅遊，特別抽出一個下午，專程去慕尼黑的「林巴哈之家」觀賞抽象畫派康丁斯基等諸位大師的巨作。心滿意足地從「林巴哈之家」出來，已是向晚時分。兩人的背包裡，各裝了兩大本畫冊，迎著料峭的寒風，我們一邊欣賞街景，一邊尋找旅舍。

　　轉過大街小巷，走進了無數的旅店，所得到的答案竟然千篇一律：沒有房間！天色愈黑愈冷，兩人走得雙腳麻木，肩酸背痛，又凍又餓。

　　最後，來到一家小酒館前，昏黃的燈光下，瞥見門邊掛著一塊小小的旅店招牌，趕緊推門進去。

　　又是同樣的問答：

　　「有沒有預訂？」

　　「沒有。」

　　「抱歉，沒房間。」

一路來飽受被拒絕的打擊，加上饑寒交迫，一向溫雅的他，漸漸失去耐心。

　　「你們一定有房間，對不對？」他睜大一雙牛眼，逼視著櫃台後面的中年男士。

　　德國佬低頭不語。

　　「為什麼不租給我們？」

　　「因為你們沒有預約。」幾近自語道。

　　「沒預約？那我現在就向你預約。」他掏出筆在櫃台上寫將起來。

　　「哦，不，不行的。」德國佬慌忙說道。

　　「我的先生是醫生，剛在維也納開完會，明天早上還要趕去布魯塞爾參加另一個會議。因為很喜歡慕尼黑的美術館，所以特地停留一天，請讓我們住今晚就好，明天就退房，拜託！拜託！」我忙著彎腰哈背，並取出畫冊攤在櫃台上。

　　「好吧，就一晚。但別說出去，否則——」中年男子做出砍頭的樣子。

　　旅客必須事先預約，才能投宿？或許這是德國旅館業的規定吧？這樁烏龍事件，至今對我們仍是無解的謎。不過，下次再來慕尼黑，首要之務，嘿嘿，一定乖乖先訂好旅館，以免淪落街頭，投「宿」無門。

牽手，遊於藝
——探訪歐洲藝術寶庫

奥地利 AUSTRIA

酸甜維也納

很少有個城市像維也納一樣，蘊藏著如此豐沛的文化元素。

甜膩的薩河蛋糕，尖聳入雲的史蒂芬大教堂，收藏豐富的藝術史美術館，空氣中隨時飄散著莫札特、舒伯特、貝多芬、史特勞斯的音符，穿透你意識情結的佛洛依德研究室，探索肉身病變的組織病理博物館等等，真會把人的身心充塞得飽滿又扎實。

各式各樣不同領域的智慧精華，孕育出維也納甜膩而又微酸的城市風格。

1985年仲夏，初訪維也納，走馬看花似的初見面，只留下淡淡的印象。

1995年春天，再訪維也納，有更多的時間對她展開探索。放下行李，便迫不及待地趕往藝術史美術館，親睹拉斐爾《草原上的聖母》，三角形的構圖，優美寧靜的氛圍，是古典畫派的代表

作；布勒哲爾的《農人婚禮》，歡愉熱鬧，而《冬季獵人》則展現出大地不仁的殘酷景象。

白天，外子在霍夫堡開會，我則帶著筆記本，按圖索「景」，獨自遊玩去也。

巍峨聳立的史蒂芬大教堂

仰望史蒂芬大教堂尖聳入雲的宏偉建築，不禁興起崇敬之心，這座位於維也納市中心的哥德式建築，已有八百多年歷史，是維也納的地標，更是她的靈魂。內部的雕琢繁複精美，遊客可登上塔尖，俯瞰市區；也可到地下墓穴參觀哈布斯堡家族華麗的棺木，以及存放歷代皇帝內臟的容器。

樂音飄飄的費加洛之家

走進「費加洛之家」，莫札特《費加洛婚禮》的明快旋律，輕輕飄散在耳邊，當年，莫札特就是在這棟公寓裡，寫出膾炙人口的歌劇《費加洛婚禮》。大師生前窮困潦倒，並沒留下多少遺物，房裡只有掛在牆上的幾張小畫和複印的音譜而已。

精巧趣味的安卡時鐘

臨近午時，來到霍爾市場前的廣場，兩棟辦公大樓之間連著一道渡廊，橋身外面嵌著黃銅精雕的「安卡時鐘」，每隔一小時，鐘裡的歷史人物玩偶，會伴隨管風琴的音樂，繞到鐘面上來遊行，而正午和傍晚時，則全員出列，十分壯觀。

翹首專注地守著那面鐘，只為了欣賞十二個人偶依序出現的盛況。而鐘下，簇擁了一群不分黑白棕黃的臉龐，個個純真癡情的面容，又是另一種迷人的景象。

在市立公園與大師相遇

午後，來到市立公園，探訪幾位音樂大師。陽光亮麗，春風徐徐。公園裡，一片清新寧靜，經過一季的冬眠，有些樹枝已經迫不及待地吐出了新綠；許多花樹上累累掛滿花苞，含羞默默，癡癡等待春神的熱情，才願綻放美麗的花朵。

向陽的板凳上，有人閉目養神，有人專心閱讀，更有人光著一雙腳丫享受日光浴。我脫下厚重的外衣，也來分享春光的溫潤。

十年前，一個夏夜裡，曾經與他攜手漫步這座公園，在一處空地上，相倚聆賞音樂，度過一個浪漫的仲夏之夜。

此番重遊，舒伯特的雕像，目光依舊凝望著遠方，莫非又在構思一首曲子？史特勞斯的金身仍然閃閃炫目，一如他那華麗的圓舞曲。

十年光陰，忽焉溜逝，可喜的是，一顆心，並未因年華的流逝而老去，對前程依舊充滿了期許，對周遭仍然處處好奇。一路走來，心靈的行囊，日益豐盈。

沿著商街，任意徜徉，美麗的櫥窗，是一件件賞心悅目的藝術品；而遊人，則是一尊尊移動的雕塑。

乘著歌聲的翅膀

晚上，欣賞了一齣歌劇《托斯卡》，優美的詠嘆調，令人心馳神往，而歌劇院內部精雕細琢，繁複奢華的佈置，又是另一種心醉的享受。

另一晚，去熊布倫宮聆賞音樂，享受一夜的貴族癮。這是當年哈布斯堡皇族的夏宮，融合了巴洛克與洛可可的藝術風格，華麗而賞心悅目。

哦，維也納，妳那優美的音樂，引我乘著歌聲的翅膀，天地任遨遊。

佛洛依德研究室

外子的醫學會議結束，我們相偕出城去。

尋尋覓覓，找到了位在貝格街上的一座華宅，那就是「佛洛依德研究室」。在布置清雅的研究室裡，佛洛依德發表了「戀母情結」等等心理學上的創論，而成為一代心理學宗師。

寂靜的舒伯特紀念館

從努斯村街道上的眾多門牌間尋覓到「舒伯特紀念館」，推門進去，庭院寂寂，是這樣的一份閒靜，成就了大師，創作出源源不絕的動人旋律吧！

肉身的壞與空

在「醫學史博物館」裡，看到人類早期用以治病的器具，與現代精密的儀器相比，真有天壤之別。然而，人們依舊為各種病痛所苦，難道，這是大自然一種生態平衡的法則？

幾經探問，方才找到設在維也納大學裡的「病理和解剖學博物館」，館內收藏了三萬五千座小塑像及身體各部位的畸形醫學標本。

　　架子上羅列著一罐罐浸泡著藥水的病變組織。那些被細菌或壞細胞所侵蝕而變形的組織，真是怵目驚心，令人毛骨悚然。人世間，竟是有那麼多的病症？能夠健康地活著，是多麼難得的福分！

　　隔了若干年後，又去了兩趟維也納，故地重遊，那股甜膩中帶點微酸的迷人風情，又一一湧現心田。

在海黎根，貝多芬「聽見」大地呼吸

貝多芬的《田園交響曲》流瀉滿室，我特愛最後一個樂章，描寫雨過天青，大地一片欣欣向榮的明朗節奏。

優美的旋律，把思緒引領到維也納北方郊外的一個寧靜小鎮——海黎根。

那年夏天，從維也納搭地鐵、轉公車，我們輾轉來到鎮上的「貝多芬之家」。這是一棟十分簡樸的小木屋，一架老舊的鋼琴，是屋裡唯一醒目的擺設。

1802年，醫生告訴他耳疾將無法治癒。這個殘酷的宣判，把貝多芬推入絕望深淵。就在這間房子裡，他寫下「海黎根遺囑」，向兩個弟弟交代後事。這年，貝多芬二十八歲，正滿懷壯志，邁向音樂創作之路。

……是藝術，就只是藝術留住了我……

貝多芬在遺囑裡，如此告訴弟弟。

在中庭的一棵樹下，帶領我們的崔玉磐老師用德文朗讀「海黎根遺囑」，天空飄著細雨，濃濃悲情中，大家深刻體會到貝多芬生命中的孤寂、晦暗。

從小屋出來，穿過寧靜的街巷，循著「貝多芬小徑」，緩緩步入林蔭深處。

當年，耳聾了的貝多芬，滿懷羞辱，逃離人群，隱居在這個偏僻小鎮。當逐漸失去與外在世界的連繫時，大師把敏銳的目光轉向自己的內心世界，試圖以音樂反映外在世界的的脈動和內心深處的覺醒。每天漫遊在森林裡，企圖為困頓的生命找尋出口。

大自然的祥和與寧靜，溫暖了大師孤寂的心靈，不斷地給予他重新站起來的力量。漸漸地、漸漸地，貝多芬敞開了心扉，試著「聆聽」風吹、鳥鳴。終於，他又「聽見」了大地的呼吸，而寫下膾炙人口的《田園交響曲》。

憑著對藝術的執著，貝多芬最後超越了耳聾的障礙，通過上天最嚴厲的考驗。從此，接二連三創作出偉大的樂曲。

最後一個樂章──雨過天青，明朗歡愉的旋律，一波接一波泉湧而出，描繪出大自然欣欣向榮的無限生機，也娓娓訴說著大師生命流轉的契機。優美的樂章，撫慰了後世多少困頓焦躁的心靈！

維也納郊外，一個冷清的小村鎮，竟然蘊藏著一組扭轉「樂聖」貝多芬生命的深奧密碼。我們踩著大師的腳步，走向林蔭深處。隱約中，《田園交響曲》的明快旋律，一路伴我前行。

夢幻薩爾斯堡

　　黃昏時，與外子從維也納搭火車來到薩爾斯堡。夜幕，輕輕籠罩了這個如夢似幻的山中小城，寧靜的氛圍，使人一夜好眠。

　　第二天，參加當地旅遊，春雨綿綿中，流連在夢湖邊。天鵝三兩隻，野鴨成行，優遊湖中。輕紗似的煙嵐，籠罩湖面，眼前是一片清幽空靈。

　　兩個傻子，佇立湖邊，一個手持畫筆，專心速寫，另一個則振筆疾書，意欲將眼前的清幽美景納入心懷，化成永恆的記憶。

　　下午，去鹽坑遊覽，體驗當年採鹽人的辛苦。順著一段滑梯，往下深入到鹽湖。再搭一艘木船，緩緩渡過湖面，此時，音樂響起，旋律迴盪在湖水與岩壁之間，產生音質絕佳的共鳴。一片漆黑中，耳邊飄揚起仙樂嫋嫋，好似仙子乘風下凡來，陶醉的心，早已飄飄然矣。

　　華燈初上，穿梭在美麗的街巷間，享受著非常「莫札特」的街景。兩人走進一家中國餐館，點一杯玫瑰紅酒，加一大杯德國

啤酒，慶祝今天的浪漫豐收。暈黃的燈光下，舉杯對飲，生命的醇酒，何等甘美！

　　哦，今夕何夕？除卻滿懷的感恩，「婦」復何言？

到薩爾斯堡緬懷莫札特

　　與外子從維也納搭火車來到薩爾斯堡，夜幕，輕輕籠罩了這個如夢似幻的山中小城，寧靜的氛圍，令人陶醉。

　　一早起來，參加當地的旅遊，途中經過一棟尋常民宅，那是莫札特的出生地。

　　1756年1月，白雪紛飛的日子，樂神的愛子──莫札特，誕生在薩爾斯堡。

　　在短短三十五年的歲月裡，莫札特創作出無數的偉大樂曲，也寫下了一部顛沛流離的生命旅程。

　　幼年時的莫札特，曾經受到薩爾斯堡大主教嚴酷的羞辱，慘痛的記憶，使得他愈來愈不喜歡故鄉，後來甚至厭惡薩爾斯堡。

　　音符，促使他極力想逃脫大主教的巨掌；音符，推動著他遊歷歐陸各皇族間，想謀得一個安定的職位。

　　即使身陷重重困難中，大師並未停止創作，彷彿編寫樂曲是他對命運的強力反擊。對他來說，生命中只有音樂才是重要的。

一個以創作音樂為職志，卻被迫奔走他鄉的大師，在顛沛困頓中寫出源源不絕的曠世巨作，明快溫暖的音符，撫慰著後世多少失意焦躁的靈魂。

1791年12月，風雪交加的夜晚，莫札特在維也納去世，葬在郊外的窮人公墓裡，只有零星幾位親友送葬，墓上連個十字架也沒有。

今天，他的故鄉薩爾斯堡以大師為榮，處處用他的音樂作號召。莫札特地下有知，或許會坐在琴前，更譜一首精彩絕倫的樂曲吧！

聽雨

4月初，薩爾斯堡的天氣，飄雨而微冷。

這天，我們參加了當地的八人旅遊團，遊覽薩爾斯堡的幾個名勝。

中午時分，來到山中一個名叫「Mond See」的小村莊。導遊宣佈自由活動兩小時，其他人忙著尋找餐廳，我倆則直往剛才看到的湖邊疾行而去。

德語的「Mond See」即英文「Moon Lake」的意思，因為它迷濛如夢，我們便稱它為「夢湖」。

靜靜的湖水躺在眼前，輕紗似的煙嵐，平添了幾分神祕。湖邊山坡上，像童話中的小屋，錯落散佈。湖中，天鵝三兩隻，野鴨成行，漂游湖面，悠哉而閒適。

湖岸邊的樹木，枝頭仍是光禿禿的，那分蕭索，更增濃了山水的閒寂，呈現出空靈的禪境。

綿綿春雨，漸次粗密。兩人躲入湖邊一間木篷下，篷裡擱著一艘長長的獨木舟。於是，一個倚舟而立，手持畫筆，專注地速

寫著；一個則坐在船舷上，膝上攤著本子，振筆疾書。

　　兩個傻氣的人，陶醉在眼前的美景中，一心欲將此仙境，透過畫筆、經由文字，為它留下永恆的記憶。全然忘了饑、忘了寒。

　　春雨逐漸淅瀝，湖面的山光水色更加朦朧了。兩顆執著的心，愈益交融矣。

　　聽雨，四月寒冷的日子，在薩爾斯堡，高山湖泊，一個迷濛如夢的湖邊。

　　生命中，下雨的日子有許多，但是，一個人能靜下心來聽雨的時候有多少？而能跟心愛的牽手，相偕聽雨的機緣，一生中又能有幾回？

　　此情此景，不禁讓人回想起那年歲末時分，在宜蘭縣的福山植物園，一家五口徜徉在林間小徑，寒雨綿綿，天地一片寂靜。來到一處亭子裡，眼下的湖水因濛濛煙雨的妝點，益加清幽迷人。他脫去雨衣、卸下背包、架好畫架，開始提筆寫生。

　　曾經，有朋友關切道：兩人所學不同（他學醫，我學文）、興趣不同（一個喜繪畫，一個愛音樂），怎能有話題呢？那是好多年前的事了。這婚姻，一路走來，有風也有雨，所幸，兩人牽緊了手，有時雖是顛簸難行，倒也安然走過來了。

　　或許，對精緻文化的喜愛，是兩個心靈能夠充分交流的因素吧！因為對藝術的著迷，使我們對人生的思考方向，有著很大的契合。

很喜歡那首叫《牽阮的手》的閩南語歌曲：

> 牽阮的手，淋著小雨，牽阮的手，跟你腳步。
> 牽你的手，走咱的路，牽你的手，不驚甘苦。
> 雖然路途，有風有雨，我也甘願，受盡苦楚。
> 希望甲你，白頭偕老，牽阮的手，走咱的路。

　　其實，知心何需言多？亭子裡，他專注揮灑，我靜靜觀賞。亭外，雨聲淅瀝，雨點滴在水面，滴在心湖，形成許多圈圈，化作愛的漣漪，此刻，已是無聲勝有聲，又何需言語來添足？

　　走筆至此，不禁為能夠享有這等福分，而深深感謝著。

◀夢湖

——探訪歐洲藝術寶庫

西班牙 SPAIN

牛

　　西班牙馬德里，可容納兩萬五千人的鬥牛場。

　　來到西班牙不去看鬥牛，就像去到巴黎不去羅浮宮一樣，豈不有虛此行？一行人遊說著她。終於，被說服了，與大夥人一塊兒，高高興興地坐在看台上。

　　七點整，號角準時響起。前方的大門打開了，兩位黑衣騎士騎在白馬上，雄姿英發地經過廣場，走向裁判官，領取牛圈的鑰匙；接著是鬥牛士和助手；再後面則是穿棕色衣服的騎士，騎在棕色的駿馬上。浩浩蕩蕩的隊伍，為一場驚心動魄的鬥牛揭開了序幕。

　　那頭牛，從閘門後猛衝出來，漆黑的身軀，迸發出一股懾人的野性。牠在圓形場內橫衝直撞，已經被餓了三天，是在覓食水和草呢？還是在尋找攻擊的目標？

　　一具五百多公斤重的強壯身軀，是否預知了其生命將在一個小時之內結束，在萬人歡呼下，光榮地死去？比起戰死沙場的勇士，牠的死，該是享有更多的榮耀吧！

那隻牛在圓場內衝撞一陣之後，終於發現了攻擊的目標，而後快衝上去。牠低下頭，用一雙尖利的銳角，猛力頂刺馬腹。此時，馬背上的「執矛刺牛手」，迅即揚起長矛，對準牛頸刺下去。雙方僵持了好一陣子，兇猛的黑牛，也許疼痛難忍而放棄了攻擊馬匹。頸背上滲著一灘血，半是疼痛，半是憤怒地，又在尋找另一個攻擊目標。

望著牠背脊上緩緩地在擴散的一灘血，她的心，突然緊緊地抽搐著，一股憐憫之情，油然自心底升起。她竟晃幽幽地幻想著：時光回到梁惠王的朝代。

同在看台上的梁惠王，看到那頭可憐的牛，起了憐憫心，而下令道：「舍之，吾不忍其觳觫，若無罪而就死地。」馬上叫人把牠牽出去，療好傷後，放生去了吧！

四周爆出如雷般的歡呼聲，「荷—累！荷—累！」她回過神來觀看，一位「投槍刺牛手」正表演了一記絕活，把一對帶有尖刀的飾棒，精準地刺入了牛頸，牛的頸背上插著兩支彩色飾棒。另有兩位也表演了同樣的技藝。此時，牛的頸背上插著六支三種不同顏色的飾棒。牠憤怒地急奔狂走，而那六支飾棒，竟像催命符般，在背脊上不停地抖動著。血，流得更多了。

不知怎地，那塵封已久的童年舊事，此刻竟鮮活地浮現在眼前。

那年春天，已經入夜時分，叔叔才牽著家中的牛一拐一拐地回來。牠闖到鄰家的香蕉園，跌入一口廢井中，摔斷了一條腿。那晚，牛因為疼痛而不斷流眼淚。叔叔守在牛前面，懊惱無法替牠減輕痛苦，也淚流滿面。人和牛，淚眼相對，終夜廝守……

如雷的掌聲，暴響在她耳邊。「荷—累！荷—累！」之聲，此起彼落。

鬥牛士正揮舞著大紅披肩，巧妙地逗弄那頭牛。他的身段是如此美妙，技巧是那麼高超，因而贏得全場觀眾的喝采。

◀鬥牛

終於，那最後的一刻到來了。鬥牛士右手舉起利劍，就在牛低頭俯衝過來的那一剎那，利劍已對準心臟刺了進去。

一直凝神屏氣的觀眾，暴出了如雷的歡呼和掌聲。

血，染紅了黑色的牛背。壯碩的身軀，頹然崩倒在地上。

工作人員用短刀刺入牛的咽喉，以減輕其痛苦。三頭被裝飾過的馬匹把牛屍拖走，清掃夫跟隨在後，一路清洗血漬。

於是，一場人與牛的生死之鬥，就此結束。

坐在擁擠的觀賞台上，只見萬手揮舞，歡聲雷動。但她的內心中，竟是感到無比的孤寂與落寞。

眼前揮不去的是，當人和牛對峙的一瞬間，從望遠鏡中，她看到了鬥牛士的那一雙眼神。一雙勇猛中又閃著幾分驚懼的眼神。

十五年後，舊地重遊，當年的那股悸動，隱隱然又浮上心頭。她告訴自己，這一生，看過一次就夠了。

鬥牛場邊，聚集了一群保育人士，高拉布條、敲鍋打蓋，並高聲呼喊口號。激動的情緒，和魚貫進場的觀眾形成強烈的對比。

她禁不住笑開懷，終於有人開始關懷鬥牛了。

古雅托雷多

一早從馬德里出發，今天要去探訪十六世紀古城托雷多。

車行約三小時後，遠遠地在一個大轉彎處，隔著一流清澈的太加河，托雷多子然娉婷在前方，傍山而建的黃褐色城鎮，彷彿遺世獨立的仙子，孤絕而優雅。

十五年前，與外子初次拜訪這座古城，對於她的古雅風情，留下魂牽夢縈的記憶。此番跟其他團友再次叩訪，內心有股老友重逢的悸動，不知不覺放慢了腳步，只想好整以暇地與她敘敘舊。

這座精緻的小城，瀰漫著濃濃的藝文氣息。踩著光亮的石板路，穿巷走弄，捕捉之樂，樂何如？只有我知，托雷多知矣！

聖托瑪教堂哥德式的尖塔，依然高高聳立，是當地居民的信仰中心。

來到托雷多，自然會想起西班牙大畫家葛雷科（El Greco，1541-1614）。他揉合了各家技法，形成極端個人化的矯飾主義風格，喜用藍、黃、鮮綠和粉紫等強烈對比的顏色，又刻意將人物

拉長，使畫面呈現出尖銳和緊張感，而具有極高的個人色彩。舉世聞名的《托雷多風景》，綠色、藍色和無所不在的黑色，使得整個畫面呈現出魔幻意境。

　　葛雷科出生在希臘的克里特島，卻揚名於西班牙高原上的托雷多。虔誠的宗教信仰，讓他在這個西班牙宗教中心的古城獲得充分發揮的舞台。當年受聖多美大教堂委託而畫的曠世巨作《歐貴茲伯爵的葬禮》，被供在一個小教堂裡，讓慕名而來的遊客，排隊購票上樓觀賞。巨幅的畫面上，分為天上和人間兩層，上層的世界熱烈迎接伯爵的聖靈，下層的葬禮中，牧師向上帝讚美伯爵的功績，送葬的行列則

▲上：托雷多
　下：招來

牽手，遊於藝
——探訪歐洲藝術寶庫

包含了不同時空的人物，有殉道的聖人、著名作家塞萬提斯、畫家本人以及眾多社會名流。畫面中的人物，身軀被刻意拉長，朗朗呈現出葛雷科的獨特風格。

「葛雷科之家」隱蔽在尋常深巷裡，循著指標，拐彎抹角地終於找到了它。小小的院落，一片沉寂。是這樣的寂靜氛圍，醞釀出藝術家源源不絕的創作靈感吧！

古雅的托雷多給予葛雷科一個揮灑舞台，而葛雷科的畫作讓托雷多揚名於世，古城和畫家，彼此成就了一段美好因緣。

一心專注在捕捉古城的魅力，不知不覺間走進了時光隧道，與葛雷科共徘徊。渾然忘了時間的溜逝，幸賴同伴招呼，方才猛然醒轉。

這個古意盎然的小城，令人流連低迴，離去時猶頻頻回首，依依揮別。

牽手，遊於藝
——探訪歐洲藝術寶庫

捷克
CZECH

與布拉格相遇，在春天

　　布拉格是捷克共和國的首都，早在九世紀開始興建城堡之後，逐漸成為王朝統治的中樞，經濟也隨之繁榮，在波希米亞和東歐一直居於領導地位。雖然歷經王朝更替和戰爭蹂躪，但布拉格總是努力保存她的文化，諸如建築、音樂等藝術，以及難能可貴的自由民主精神。

　　十四世紀中，神聖羅馬帝國皇帝查理四世定居布拉格，努力建設的結果，將這個城市提昇為歐洲首善之都。這位虔誠的天主教徒皇帝，興建了許多哥德式的教堂和修道院、創立查理大學、重建城堡、建造一座石橋，以及創建新城等等，布拉格能有今日的絕世風貌，查理四世居功厥偉。

　　因為心儀這座溫柔婉約的城市，已和外子兩度拜訪她。首次來到布拉格是在初春時節，雖然氣溫在攝氏零度，但看到華麗壯觀的建築，一夥人幾乎忘了寒凍，興高采烈地隨著領隊踩在石板路上，穿梭在街頭巷尾，忍不住驚嘆道：「啊，這樣壓馬路真夠

享受的！」

　　幾年後的春天尾聲，再度拜訪布拉格，投宿在查理大橋邊的古老旅館，五天的逗留，讓我們能夠好整以暇地體會她蘊涵的藝術丰采。

琳琅滿目的水晶玻璃

　　來到熱鬧的大廣場，四周商店林立，最多的是晶瑩剔透的水晶、玻璃製品。十三世紀時，捷克與歐洲國家貿易頻繁，吸引了一些威尼斯玻璃工匠來到波西米亞定居，同時帶來繁複的製造技術，把波希米亞的玻璃製品從日用品推升為精美的裝飾品。波希米亞的玻璃也被用在藝術創作上，具有華麗的裝飾美感，布拉格城堡內聖維特大教堂的彩色玻璃窗，就是繪畫與玻璃結合而成的經典之作。

繁複迷人的天文鐘

　　廣場上有座十五世紀的天文鐘，它是舊城市政廳的招牌，在布拉格人民心中具有不可動搖的地位。

　　這座鐘由三大部分組成，底層是月曆；中間層是時鐘，除了計時，還標出了地球和太陽、月亮之間的關係，兩旁各立著兩尊

塑像，由左至右分別代表虛榮、
貪婪、死亡和慾望；最上層則是
在整點時會出來繞圈露臉的耶穌
十二門徒。

　　剛剛錯過五點的玩偶表
演，大夥紛紛鑽入商店尋找紀念
品，晶瑩的水晶，在燈光下眩目
誘人，我卻對它僅止於欣賞，只
在附近遊走，頻頻看錶；因為今
晚住在城外，明天一早即將離
開，深怕錯過了六點的好戲，想
再見不知是何年了。

　　將近六點，人群從四面八
方陸續圍攏過來，個個舉頭仰
望，期待玩偶出現。

　　「噹！噹！」鐘聲響起，
十二門徒從鐘面上頭的窗口徐徐
現身，然後慢慢隱去。觀眾報
以熱烈掌聲，像達成了一樁心願
似地，帶著滿足的笑容，漸漸散
開。只剩下我，癡癡地呆望著那

▲天文鐘

座美麗的鐘樓，久久不忍離去，為那精巧的設計讚嘆著，像個好奇的童稚，陶醉在單純迷人的樂趣之中。

　　向晚時分，天空飄雪了，給來自亞熱帶的遊客增添了另一種歡樂。大夥興奮得伸出雙手、仰頭張嘴，接捧綿綿雪花，掙脫嚴肅的外衣，享受片刻赤子之樂。

　　若干年後，再度拜訪布拉格，是在深夜時分抵達，飛機飛越布拉格上空，閃爍的燈火，將這座精緻的城市妝點得更加迷人，時針指向十一點，不知天文鐘裡的玩偶，是否會準時現身迎接遠來的東方旅人？

晨光中的查理大橋

　　晨光微微中，我們走向查理大橋，金色的霞光瀰漫在橋塔和雕像上，行人稀疏，整座大橋一片寧靜。

　　維塔瓦河將布拉格一分為二，橋便成了連結城市的媒介，其中又以查理大橋最為出色。這座有六百多年歷史的老橋，長五百二十公尺，寬可讓四輛馬車並行，如今成為行人來往小區和舊城的美麗橋樑，無論春夏秋冬，總是遊人如織。我們得享這分清幽安寧，實在是天賜良辰！

　　橋下，維塔瓦河悠悠流淌，整個布拉格仍在香甜的睡夢中，

▲查理大橋

紅瓦白牆的屋舍，在溫潤的霞光裡，恍如童話城堡透著夢幻般的神祕氛圍。

　　相較於昨天的擁擠熱鬧，此時的查理大橋有著截然不同的風貌。橋上，那位頭戴黑帽、一身黑色禮服的老先生，依舊專注地吹奏薩克斯風；操弄木偶的大鬍子，手藝還是那樣靈巧；人像畫家，仍然熟練地替遊人畫像。這些藝人，每日來到橋上送往迎來，為遠來的旅客獻出一技之長，為查理大橋增添了幾許藝術人文的風采。

　　直立在橋兩端的高塔，數百年來盡職地捍衛著大橋；一尊尊羅列兩邊的雕像，也是始終如一地滿懷悲憫，守護著過往行人。

泰恩教堂▲

泰恩教堂與胡斯銅像

　　舊城市政廳的廣場邊，那座哥德式建築的泰恩教堂，雙塔尖聳直達天聽，和四周圍繞的小塔尖端，都頂著金球，加上兩塔中間的金色聖母像，在陽光下閃耀著金色光芒，成為舊城廣場醒目的地標。這座十四世紀中葉的建築，與波希米亞地區的改革運動有密切關係，十五世紀至十六世紀中，成為胡斯派主要的教堂。

　　教堂前方，高高聳立著一尊巨大的胡斯銅像，四周圍繞著戰神、逃亡者、母親和小孩，突顯出布拉格復興國家的強烈意志。約翰·胡斯是查理大學的校長，也是自由的象徵。十四、十五世紀時，布拉

格住民不滿昏瞶的天主教體制，胡斯挺身批評教會，挑戰教宗的權威，被教廷處以火刑。胡斯被判死刑，激怒了支持者發生暴動，將議員與幾位人士從市政廳丟出窗外，被稱為「擲窗事件」。

胡斯死後的十年之間，胡斯派繼續為自由人權抗爭，除了宗教改革，還包括農民與地主、捷克人和外族的對抗，為捷克的自由民主精神奠定了深厚基礎。

泰恩教堂上的金色光芒，似乎在宣揚胡斯的理念：

上帝的旨意行在每個人身上。

布拉格城堡與哈維爾

布拉格城堡位於維塔瓦河岸的制高點，城牆內有一座宮殿、三座教堂和一個修道院，外圍更有個名叫赫拉查德尼的城鎮。

皇宮是文藝復興式的建築，加上尖聳華麗的聖維特大教堂，更顯宏偉莊嚴。

城堡歷來是國家最高權力中心和宗教領袖所在地，也是全國的文化重地，1918年起，成為共和國總統府。大門口的衛兵，經常吸引遊客上前合照。

城堡後方在白塔與達利波塔之間，有排低矮狹窄的房子，那條小街就是著名的「黃金巷」。傳說，皇室為了煉金而建設，

十八世紀時當作守城衛兵的房舍；十九世紀末，黃金巷成為藝術家聚集地，捷克作家卡夫卡曾住在二十二號。小小的商店，賣一些獨具創意的東西，真是一條小而美的黃金巷。

二次大戰後，捷克脫離納粹統治，獨立成為社會主義國家，民心長期被壓制，使得知識份子群起抗爭。1970年代，文學家哈維爾起來反抗當時的共產黨政權，被判刑入獄五年；出獄後繼續為民主奔走，獲得國內外的廣大支持，形成一股民主風潮，終於在1989年引發所謂的「絲絨革命」，最後，哈維爾從城堡的陽台挺身而出，成為領袖人物，結束了共黨專制政權。

名為「絲絨革命」乃因革命過程和平柔軟如絲絨。當時，哈維爾的革命口號是：

愛與真理，終將戰勝謊言與仇恨。

1990年6月，捷克舉行第一次民主選舉，哈維爾當選總統，領導捷克走向更開闊的自由民主之路。

布拉格與卡夫卡

卡夫卡〈1883～1924〉是生於布拉格的猶太人，一生熱愛寫作，書中大都在描述人的孤立和疏離，在現實中往往容易迷失路

途。如《蛻變》裡描寫在共產統治下的布拉格人，清晨醒來變成蟲，暫時失去記憶，逃離慘淡的現實。這種寫作風格，引發了「存在主義」風潮，卡夫卡因此被稱為存在主義的先驅。

卡夫卡白天在保險公司上班，晚上便沉迷於創作，生前默默無聞，大部分作品是死後由朋友馬克思博得幫忙出版的，比較重要的如《蛻變》、《審判》、《城堡》等。

卡夫卡一生都住在布拉格，甚少離開家鄉，有時是在舊城區，有時在猶太區，死後葬在猶太墓園。

住在黃金巷二十二號期間，卡夫卡的創作源源不絕。而這個

上：聖維特大教堂▶
下：黃金巷二十二號

小巷小屋，也因他而大大出名，來到布拉格的旅客，總不忘走一趟黃金巷，真是「巷不在小，有『文』則名」；如今是一間小小的書店，賣一些精美的卡片、文具等，店裡若有四、五個人，便覺難以轉身。

卡夫卡敏銳的天性，對布拉格有著超乎常人的微細觀察，使讀者走在曲折的石板巷弄裡，對作家筆下似虛幻又現實的情境，往往有幾分更深切的領會。

領受藝術洗禮

布拉格擁有二十多座博物館和近百家藝廊、展覽館，豐富的收藏，令人驚喜。流連其間，往往能夠更深入認識這個城市的文化精神，為我們的旅遊增添幾分細緻樂趣。

史坦貝克博物館──第一所大眾美術館

十八世紀末，史坦貝克伯爵創立了這所屬於大眾的美術館，並接受為數可觀的捐贈品。十九世紀時，豪沙醫生遺贈一批荷蘭畫派作品，使得館藏更加豐富；1937年，美術館收歸國有，成為布拉格國立美術館的一部分。

立體派大師畢卡索的《小提琴、玻璃、煙斗與墨水》畫作，用泥色調堆疊出的層次，洋溢著幾何交響樂。

農民畫家布勒哲爾的《收割》，廣袤的田野上，呈現豐收的歡愉氛圍。

1506年杜勒所畫的《玫瑰園的饗宴》，生動的人物造形，令他一夕成名，是館內的經典作品。

聖阿妮絲女修道院
──捷克藝術的寶庫

這座位於猶太區的十三世紀哥德式建築，原是女修道院，1960年重新整修成為捷克國家藝廊，收藏十九世紀的捷克藝術，包括敘述捷克歷史與神話的繪畫及浪漫時期的風景畫。

馬尼的《約瑟芬娜像》，線條柔和，是肖像畫的佳作。

▲聖阿尼絲女修道院

席卡尼得的《城市冬夜》，一對母子吃力地在雪中行走，迷濛的色調，使得畫面充滿神祕氣氛。

澤尼塞克的《奧瑞奇與芭澤娜》，描繪的是王子在村姑中點選新娘的故事，畫面生動活潑。

貿易展覽宮——現代藝術的寶藏

二十世紀末，在翻修後的貿易展覽大樓設立了現代與當代藝術中心，空間寬敞，藉天窗採光。館藏極為豐富，有印象派及後印象派的佳作，也有孟克、克林姆、畢卡索和米羅的作品，更有捷克的現代藝術品。

梅德克的《豪華大餐》，三個饑餓的母子手持刀叉，彷彿正在吃大餐，桌上卻是空空如也。整幅畫呈現出戰後超現實主義風格。

盧梭的《我、肖像、風景》，大師把自己安排在超現實的時空中，是一幅大師僅存於世的自畫像。

法洛瓦的《認知與驚詫》，在一排竹節狀的圓筒上畫了無數隻睜大的眼睛，表現出想一探真象卻又驚詫的迷惘，是一件令人難忘的造形藝術作品。

流連在一幅幅迷人的畫作前，不知不覺已過中午，出來才感到饑腸轆轆。在美術館旁一家披薩店用餐，我和外子點了兩碗熱湯、一客披薩和一份綠色寬麵。

湯味鮮美，披薩餡料豐富，皮則軟中帶Q，寬麵上灑滿小蝦子，滋味棒極了。搭配皮爾森啤酒，兩人吃得眉開眼笑，舉杯慶祝精神盈滿，腸胃飽足。啊，真是旅途中的一份恩典！

新市政廳與史梅塔納

每年春季舉辦的「布拉格之春──國際音樂節」，從5月12日（史梅塔納逝世紀念日）到6月1日期間，世界知名的頂尖樂團、舞團和聲樂家都會應邀來布拉格演出，這期間，布拉格的各個音樂廳、劇院甚至露天廣場，上演著一場又一場的音樂會或歌舞劇。

依照慣例，會在新市政廳的史梅塔納廳內演奏史梅塔納的樂曲──《我的祖國》揭開序幕，以紀念這位捷克的音樂之父。

史梅塔納廳位在新市政廳二樓，是布拉格最大的音樂廳，表演台的兩邊各有一組雕塑，一個象徵史梅塔納譜曲的《我的祖國》，一個則象徵德弗札克所寫的《斯拉夫舞》。牆壁及天花板上，畫有許多圖畫；豪華小廳裡，有畫家為音樂而作的壁畫，這些都說明了音樂藝術在民族復興所扮演的重要地位。

這座新市政廳，是布拉格新藝術風格的代表作，大量運用馬賽克拼貼、幾何圖形和線條、新式彩繪玻璃，加上樓頂中央三角楣有幅史畢勒所作的鑲嵌壁畫《向布拉格致敬》，使得整棟建築呈現出精緻華麗的風采。

新市政廳▲

趕在音樂季的尾聲，我們有幸坐在華麗的史梅塔納廳，聆賞優美的音樂。那晚的曲目是鋼琴獨奏，演奏者的技法十分精彩，把拉赫曼尼諾夫的作品詮釋得淋漓盡致，珠玉般的音符，清脆綿延，直把人的心神引領到優美的時空裡去。

走出音樂廳，天空飄著細雨，熱鬧了一天的查理大橋，漸漸恢復冷清優雅。伴著餘音嫋嫋的步伐，我倆一路漫步回旅館。

建築上的可愛徽飾

除了林立的高塔和各式風格的建築，布拉格還有不少可愛的徽飾，它們就鑲嵌

在美麗建築的門楣上，尤其是在舊城和小區一帶，可愛的圖形令人莞爾。

在1770年尚未引進阿拉伯數之前，為了便於識別，於是在房屋上添加徽飾，大多與從事的行業有關。後來雖然有了編碼，但屋主仍然保留著這些具有特殊意義的徽飾，給建築增添了幾分浪漫趣味。

小區有條詩意的涅魯達街，是為了紀念詩人涅魯達而命名的，1845～1857年間，詩人曾住在叫「兩個太陽之屋」的房子裡，並以此地為背景寫了許多短篇故事。這條巷裡還有「紅

◀兩個太陽之屋
▼三隻駝鳥

鷹」、「三把小提琴」、「白天鵝」等等徽飾標誌，徜徉其中，舉頭仰望，你將發現無窮的樂趣。

在查理大橋邊有個「三隻鴕鳥之屋」，當初的主人是個鴕鳥羽毛商，故以鴕鳥的大壁畫作為家徽。1714年，這裡開設了布拉格第一家咖啡館，目前是價格昂貴的餐廳和旅館。

我們看了旅遊書上的介紹，慕名而來這家餐廳用晚餐，生意極好，忙碌的侍者少了體貼和耐心，任由我們瞎摸胡猜，結果是花了銀子又敗興。出了餐廳，兩人連連嘆息：盡信書不如無書。

幸好後來在皇宮旁一家旅館的餐廳，發現了物超所值的美食，午、晚餐時總盡量前去報到，委屈的腸胃終於得到大大的補償。

走筆至此，容我說一聲：「向布拉格致敬！」

在卡羅維瓦利醉入溫泉鄉

　　旅行到布拉格，為了體驗啜飲溫泉的滋味，特意抽出一天，搭乘三個小時的火車，來到捷克最大、最古老的溫泉鎮──卡羅維瓦利（Karlovy Vary）。

　　相傳十四世紀中葉，查理四世來到這裡狩獵，意外發現了溫泉，經過驗證，泉水中含有各種不同的礦物質，具有療效，於是這個小鎮一躍成為療養和休閒的觀光勝地。除了皇公貴族，連貝多芬、德弗札克和馬克思等名人，也曾是這兒的座上賓。

　　捷克語「Karlovy」是查理的意思，「Vary」則是溫泉，卡羅維瓦利就是因查理四世而取的名字。

　　出了火車站，向當地人問路，十來分鐘就走到一座鐵鑄的米白色溫泉長廊，邊緣雕琢得像蕾絲般細緻華麗；小商亭的架子上，擺滿了各色各樣造形的溫泉杯。不一會兒，眼前赫然出現另一座十分壯觀的黃褐色長廊，由一百二十四根柱子支撐的羅馬式建築，是一條雄霸小鎮的溫泉長廊。

聞說這兒的溫泉除了浸泡之外還可飲用，而且對腸胃和呼吸系統等具有療效。喝溫泉有專用的杯子，翹起的握把上方即是對嘴飲用口，造形獨特又可愛。

我們入境隨俗，在小商亭選了一只豪華型的溫泉杯，在廣場上四處遊走，對著溫泉口汲取不同溫度的泉水，有高達攝氏七十二度的，也有五十度、三十度的，細細啜飲。

鹹鹹的，帶著淡淡硫磺味，熱騰騰的泉水，浸潤了五臟六腑，頓時感到全身暖烘烘的。說也神奇，一個多小時後，隱隱然出現便意，接著一天下來，竟舒舒服服地解了五次大號，溫泉長廊內的公廁，乾淨又舒適，如廁成為一大享受，彷彿做了一場腹內大掃除，呵，真真是通體舒暢啊！

除了飲用溫泉外，泡溫泉浴也是一大享受。這裡有六座大型溫泉泳池，更有二十多家溫泉療養飯店。但因為時間寶貴，還有許多可探訪的美景，我只好捨棄了泡湯之樂。

香濃酥脆的溫泉餅

泰普拉河悠悠流淌，河岸兩邊羅列著各式各樣的建築，仿羅馬式、巴洛克和新藝術風格等，不一而足。這些色彩繽紛的建築，錯落有致地映照在河面，把這個小鎮凝煉成一方幽雅精緻的桃花源。

河旁的餐館小而美，選張露天臨河的桌子，點一客鮮美的鱒魚餐，加上一杯皮耳森啤酒，微醺中，我倆恍如醉入桃花源的武陵人。

尋尋覓覓，他終於找到了合意的角度，展開畫布，畫將起來。我呢，則斜倚在長椅上，用一隻筆，細細地描繪小鎮的溫柔婉約。寫著寫著，竟忽忽然進入了夢鄉。夢裡，盡是鳥語花香，山青水綠。

從酣夢中甦醒，他已將美景的素顏捕捉入畫，正忙著上色。

空氣中飄來陣陣餅香味，原來是遊客中心前方有個煎餅攤，小販正熟練地煎著溫泉薄

上：溫泉杯▶
中：溫泉長廊
下：溫泉街

餅。舊式唱片般的薄餅，香濃酥脆，入口即化。

買了兩張薄餅，對著悠悠河水，併肩而坐，一片酥餅，一口溫泉，這次第，怎一個「幸福」了得？

傍晚時分，溫泉長廊裡有樂隊演奏。遊客一杯在手，和著音樂，或高歌，或歡舞，把個小小廣場撩撥得熱烘烘地，彷如一場飲湯嘉年華。

臨走時，又買了兩只不同造形的杯子，做為卡羅維瓦利溫泉之旅的美麗珍藏。

俄羅斯 RUSSIA

夢幻迷離的莫斯科

忐忑前進俄羅斯

2000年，為了嚮往已久的艾米塔吉博物館，趁著去柏林開會之便，我們夫婦倆規劃了一趟俄羅斯雙城之旅——莫斯科和聖彼得堡。

由於剛開放不久，能找到的資料十分有限，加上對鐵幕世界KGB（格別烏）祕密警察的種種恐怖印象，兩人懷著戒慎恐懼的心，神經始終繃得緊緊的，不敢稍微鬆懈。

下午三點，瑞士航空班機降落在莫斯科SVO機場，寬廣的機坪上停著寥寥幾架飛機，跟一般繁忙的國際機場截然不同。下了飛機，來到入境大廳，內心不自覺地緊張起來。

在個人等候驗證件的隊伍，排了十幾個人，除了我們兩個東方面孔，其餘都是西方人。大家都表情嚴肅，身軀緊繃，一副如

臨大敵的樣子。

輪到我們了，胖嘟嘟的女海關員，僵著一張漂亮臉蛋，英語半句不通。把證件交上去，她翻看了好久，突然抬頭大聲嚷著：「哇啦，哇啦！」

「Sorry？（抱歉）」外子問。

她只是一逕地「哇啦！哇啦！」

正感無奈，外子靈機一動：「把機票拿出來給她看。」

我趕緊送上機票，她回過頭去問一位年輕的安全人員，青年點點頭，終於聽見那悅耳的「卡喳、卡喳」蓋章聲，接著將證件遞出來。呵，終於准許入關了。

好個冷酷、威風的冰山美婆娘！

拉著行李來到大廳，嚇，外面是人聲雜沓，一團擁擠混亂。

很快地找到迎接我們的名牌，是一位嬌小文雅的老太太，看到她臉上溫婉的笑容，終於對莫斯科產生一分溫煦的好感。

她領我們到一根柱子邊，叫我們等著，她去找人。不一會兒，帶來一位女士，胖大的體型，讓我看見了典型的俄羅斯婦女；她交給我們兩張火車票。

一胖一瘦兩位女士，帶我們走出大廳等車，一位青年開著私家車過來，老太太對著司機殷殷叮嚀，然後揮手跟我們道別。

司機開車技術不錯，很快在車陣中殺出重圍，平穩地駛向市

牽手，遊於藝
——探訪歐洲藝術寶庫

區。司機會說一些英語，抱歉說塞車。一路上他專心開車，四十分鐘後，順利地把我們送到文藝復興飯店。

神祕紅場初見面

住進房間，打開窗，望見遠方有金色尖頂在陽光下閃閃發光。「啊，克里姆林宮耶！」我興奮得大叫。

他丟下皮箱，衝到窗邊，兩個旅癡就靠在窗邊，笑得樂呵呵。

這個遙遠的鐵幕國家，那層神祕的面紗，終於被我們慢慢揭開了。

旅館每小時有巴士進市中心，到普希金廣場。我們趕上六點的班車，在普希金廣場下車，廣場上，高高挺立著一尊十九世紀俄羅斯偉大詩人普希金（1799～1837）的雕像，一派瀟灑。

沿著高爾基大街走，馬路好大，人行道好寬敞，小商亭林立，賣著各式各樣的商品，兩人愉快地往紅場的方向前進。

俄文的「紅場」有美麗廣場之意，面積九萬平方公尺，原先是個市集地，十五世紀末，克里姆林宮城牆完工後，成為俄羅斯的政治中心，沙皇時代是宣告法令、點召閱兵和執行刑罰的場所；革命勝利後，則是蘇聯舉行大典和閱兵的地方。歷史上的血腥事件，讓人對它存有幾分驚懼。

進了大門，啊，處處都充滿了驚嘆！

左邊的救世主教堂（又稱基督堂），粉嫩的顏色、可愛的造形，宛如童話中的糖果屋；深紅磚色的耶穌長袍堂，一派沉穩典雅；北面的國家歷史博物館，紅磚城牆、白色尖頂，是俄羅斯的傳統建築；右邊克里姆林宮兩頭的尖塔高聳入雲；列寧陵墓，顯得威嚴肅穆。

　　正前方的聖巴索大教堂，是典型的東正教教堂建築，九個洋蔥頭，靜靜佇立在廣場邊，如夢似幻，這座完成於1561年的建築，是伊凡四世（1530～1584）為慶祝戰勝蒙古客山汗國而建。伊凡四世四歲即位，幼時在宮廷中目睹種種鬥爭，漸漸養成殘酷性格，俄國史上稱他為「恐怖伊凡」，為了擁有這獨一無二的美麗建築，下令將設計者的雙眼弄瞎。伊凡四世於1547年親政，自稱沙皇。

　　還有雇姆百貨商場，是俄羅斯最大的國營百貨公司，雄偉典雅，內部華麗。原是一間罐頭工廠，1912年列寧下令改成國營百貨公司；販售貨品多樣，且不乏世界知名品牌。

　　這麼多組不同造形的建築，圍繞在寬闊的紅場邊，烘托出紅場的美麗。

　　基督堂裡正在舉行彌撒，我們入境隨俗，在裡面和虔誠的教徒們祈禱天主，保佑一路平安。

　　就在這幾組建築間徜徉流連，直到夜幕低垂才離去。

　　繞過黃色城牆，無名英雄塚旁邊有個大廣場，人潮流動。年

輕人手提大寶特瓶飲料，開懷暢飲，或聊天或彈唱，洋溢著青春朝氣，跟路上遇見沉默畏縮的老一輩，有著截然不同的生命樣貌，象徵這個民族開放前進的活力。

在高爾基大街上一家披薩店晚餐，一杯可樂、一盤沙拉、一份蘑菇，加一盤麵團，花去500多盧布。在俄羅斯消費西方物資，有點昂貴。

走回普希金廣場，搭九點半的巴士回旅館；已是晚上十點了，天猶朦朦亮。

上：基督堂▶
中：聖巴索大教堂
下：雇姆百貨公司

克里姆林宮城堡群巡禮

用過早餐，便匆匆搭車進市區。外子在雇姆百貨公司的外牆邊畫圖，我則倚牆席地而坐，振筆疾書，記下這個神祕古國的點點滴滴。

十點，入克里姆林宮參觀，俄文的「克里姆林」即城堡之意。

這座臨莫斯科河的宮殿，建於十二世紀，原本是木造建築，在十六世紀恐怖伊凡時期，才改建成今日規模，紅磚圍牆環繞起一群城堡。部分塔樓頂上，裝飾著紅寶石和鍍金做成的、象徵共產主義的紅星，聳立空中，閃爍輝耀。

城堡的周圍長達兩千公尺，在又厚又高的磚牆內，權力更替不斷演出。

有開放參觀的教堂群和博物館，不許參觀的則是歷代沙皇的寢宮和總統辦公的皇宮。

教堂群裡聖母升天大教堂金色的洋蔥頂，在陽光下金光閃閃，眩目迷人。這座十五世紀的建築，融合了東正教和拜占庭的藝術風格，是歷代沙皇舉行加冕和結婚大典的場地，也是大主教安息之地；報喜教堂和天使長教堂，規模略小，卻也各具特色。

另一邊四十噸重的砲王，號稱世界第一，卻是未曾發射過砲彈。近鄰數百噸的鐘王，據說大鐘鑄成、等待冷卻時，正遭遇克

里姆林宮失火，被潑上冷水而導致一角破裂。這一砲一鐘，雄偉壯觀，但英雄無用武之地，只能佇立廣場一角，供人參觀。

下午回紅場，外子以油彩畫聖巴索教堂。

我去尋訪波修瓦劇院，俄文「波修瓦」即大的意思，位在紅場入口的後方，步行五分鐘就到了。希臘式建築典雅氣派，問了買票處，今天沒有戲碼，也不開放參觀。與波修瓦的緣分，就僅止於在門廊上徘徊、在前庭院流連而已。入內觀賞舞劇的機會，只有留待他日再結緣了。

上：克里姆林宮尖塔▶
下：鐘王

回到紅場，突然狂風大作，接著米粒般的冰雹直刷下來，臉頰被打得疼痛難當，趕緊躲入雇姆百貨公司。我倆提著笨重的畫具，逛遍上下各樓層的商場，欣賞各種貨品。這間由罐頭工廠改裝的百貨公司，外觀宏偉豪華，內部寬敞雅致，心想，是具備什麼樣人文藝術涵養的民族，才能夠把一間工廠建得如此華麗宏偉！

除了各式商品，更棒的是裡面有洗手間和餐飲店。在這陰晴不定、驟雨忽至的初夏時節，雇姆百貨公司給遊客提供了絕佳的避風躲雨的場所。兩人平常都沒有逛街的習慣，出國隨緣逛逛，倒也樂趣無窮。

▼聖母升天大教堂

一個多小時後，風雨停了，我們回到原處，外子繼續完成油畫。

透早出門，遊走了一天，疲勞來襲，決定早點回旅館，我們的原則是盡量避免透支體力，以免影響後面的行程。因為，旅行不只是觀光，而是一門值得持續用功的生命課程。

在旅館餐廳吃了一頓豐盛的晚餐，慰勞一天的辛勞。

累極，九點就寢，溫柔的夕陽猶徘徊窗外，陪伴遠來的東方旅人沉沉入夢鄉，一夜酣睡到天明。

館藏豐富的普希金美術館

從紅場出來，循著地圖上的指標，要去普希金美術館（原名叫普希金造形藝術館），遠遠地望見那棟白色建築就在大馬路的對面；兩人正邁步前進，突然後面有位先生把我們叫住。外子指著斜對街說要去那裡，他搖搖手說前面無法通過，叫我們回頭從克里姆林宮入口處走地下道過去（莫斯科的馬路相當大，車行快速，行人必須走地下道）。我們依指示，通過地下道，很快便來到普希金美術館。

這座希臘式的建築，外觀古典高雅，內部更蘊藏著豐富的收藏。

俄羅斯繪畫大師列賓（1844～1930）的《伏爾加河上的縴夫》，描繪一批老百姓肩負繩索拉船前進的勞苦身影，反映出共產主義統治下的社會現象。這幅畫使列賓一舉成名，從此他的創作題材由古典神話轉向民間的現實生活。這個主張鼓動了許多畫家，形成一股風潮，將俄羅斯美術推向現實主義的巔峰，列賓也成為歐洲藝術史上的重量級人物。

葛雷柯著名的《耶穌受難像》，使用人物拉長的技法，把受難的耶穌形象更加突顯出來；林布蘭特的《老婦》，歲月的滄桑痕跡，令人印象深刻。

馬諦斯的《金蓮花》，婷婷裊裊，生機盎然；莫內的《乾草堆》、《魯昂教堂》等，都屬上選精品。

▼普希金美術館

見到幾幅不曾在畫冊裡看過的印象派作品，有種意外的驚喜，原來在極權時代，這些畫作是被「養在深宮人未識」啊！

俄羅斯藝術的寶庫——特雷提亞科夫美術館

豐收滿懷地走出普希金美術館，外子提議搭地鐵去特雷提亞科夫美術館。它原本是十九世紀富商特雷提亞科夫兩兄弟的住宅，兄弟倆因經商致富，收藏著俄羅斯千年來的藝術珍品。從聖像畫到油畫，完整地呈現俄羅斯的美術發展史。1892年，特雷提亞科夫將畢生收藏的作品悉數捐給市議會，現在則成為市立美術館。

這棟建築外表甚是美觀，紅磚色的外牆鑲上白邊，有著傳統俄羅斯風味。中間的主建物簡單俐落，兩翼的建物則呈現堆疊之美。門前站著小說家杜思妥也夫思基（1821～1881）的大型雕像。一樓有精彩的俄羅斯聖像畫，樓上有十七、十八世紀的肖像畫，以及十九世紀的繪畫。俄羅斯寫實派大師列賓和抽象畫大師康丁斯基的作品，是館藏中的珍品。

富商對於俄羅斯畫作，盡心收藏，尤其對當時充滿民族主義色彩的「巡迴畫派」更是不餘遺力，經常拜訪他們的畫室，並傾囊收藏。巡迴畫派是十九世紀，一群畫家主張藝術應該走入民間，描繪社會各個階層的生活，並巡迴下鄉展出作品，故稱為巡迴畫派。

富而好藝術，然後毫不藏私地捐給社會，受惠的豈只是莫斯科市民？這股無私的胸懷，令人感佩連連。

中午在館裡享用簡餐，點了兩缽俄羅斯蘑菇麵湯，配黑麵包，外加兩球冰淇淋，可口價廉，兩人吃得心滿意足。一個上午參觀了兩間美術館，坐下來才感覺腿麻腳酸，幸好美味的餐點安撫了疲累的身心。

「牙醫」導遊

莫斯科的地鐵以富麗豪華聞名，今天，我們決定去體驗一下。從普希金美術館站到特雷提亞科夫美術館，須轉兩趟車。

買了地鐵票，進到月台，只見一長串地名高高懸掛在上方，

◀特雷提亞科夫美術館

看也看不懂，那些顛顛倒倒的字母根本和英文搭不上線，想問人，但沒人聽得懂英文。

半猜半賭地上了車，坐一站下來轉車。正在按圖索「站」，後面突然有人用英語問道：「Tretyakov Gallery?（特雷提亞科夫美術館？）」

呵，這是一句多麼親切的問話！

我們轉頭看到一位留著絡腮鬍、長得像索忍尼辛、年約五十歲的男士，跟在一群小學生後面，還扶了一位男孩的肩膀讓他先走電扶梯。我們認為他是老師，他招手要我們跟著快走。

沿著長長的電扶梯下去，這是個大站，月台在極深處。壯哉！果真是名不虛傳，像宮殿般富麗堂皇。

車來了，我們跟著他上車，他比出兩根指頭，表示坐兩站。車上有位子，我們與他對面而坐，他兩眼打量著我們，我也不時打量他，但眼神一相會，他便即刻閃開。

「萬一被帶去賣掉怎麼辦？」外子開始擔心。

「光天化日下，兩人有伴，怕什麼？」我鼓起勇氣說。

這位「索忍尼辛」發現了我們的疑懼，對外子說：「Doctor（醫師）！」並張開嘴巴，指指牙齒，意思是「牙醫」。

他穿了一件中古西裝、牛仔褲，乾淨清爽，帶點書卷氣，是有點像醫師。

兩站到了，他示意我們下車，跟著他轉來繞去到另一個月

台轉車。這又是一個大站，景觀豪華，但裝潢風格與前面那站不同。俄羅斯真是個藝術深厚的民族，能夠把大眾運輸系統設計得如此美侖美奐！

他又比出兩個指頭。

「兩站到後，再不出去，我們便自己出站去。」我開始緊張了，跟外子商量好。

兩站後，他又領我們到另一個月台，還要轉車？

他說：「One.（一站）。」

外子對照地鐵路線圖，確定還要再搭一站才到美術館，於是跟著上車。一站下車，果真往出口（BblxoT）走去，沿路上懸盪的心總算放了下來。原來在普希金美術館那站，我們坐錯了方向，所以要多轉一次車。

出了地鐵，往美術館的方向行去，兩人邊走邊討論該如何謝謝這位「牙醫」先生的幫忙？

「給點小費，會不會傷他的心？」外子提議。

「給就是了，收不收由他囉！」我說。

「該給多少好呢？」他問。

「小費嘛，不就是2、30元盧布。」我估算道。

外子遞給我20盧布，要我跟「牙醫」道別時交給他。我手中緊緊捏住那兩張「感恩費」。到了美術館前，我正滿心感激，要伸手與他握別。不料「牙醫」開口道：「Give me one hundred.

（給我100元。）」

兩人傻了眼，半晌回神問道：「Rouble？（盧布？）」

「Yes.（是的。）」

我倆鬆了一口氣。

外子付了100盧布，他轉身快速消失在街角。留下呆愣愣的兩個人。待醒轉過來，相對大笑，笑到引起路人側目。

嘿嘿，這可是莫斯科新興的導遊業呢！

他到底是什麼時候盯上我們的？只有「牙醫」先生知道了。

不過話說回來，還真要謝謝他的領路，否則我們真不知要在地鐵站裡摸索到什麼時候，才能找到美術館呢！

100盧布，大約等於台幣110元，划算！

威嚴的車掌大娘

從特雷提亞科夫美術館出來，依旅遊指南尋找3號公車，要回到紅場。轉了幾條街都沒找到3號公車。來到公車站前，三個學生模樣的青年喝著雪碧聊天，我上前指著克里姆林宮的標示，其中一位指著站牌告訴我們，8路和25路的終點就是了，態度親切誠懇。

25路來了，我們跳上車，正準備找司機買票，突然公車後面傳來一聲：「Ticket!（票！）」平直尖銳的吼聲穿入耳膜，嚇人一跳，原來是個胖大娘車掌。

付過錢買了票，坐了下來。公車轉過街角，遠遠地可以望見紅場上的洋蔥頭，內心感到踏實篤定。車子過了莫斯科河，繞了幾站，終於停在洋蔥頂下方的終點站。

在莫斯科三天，多次進出紅場，對那座夢幻似的教堂，總也看不厭倦。

今晚將告別莫斯科，兩人繞了一圈紅場，對這美麗的廣場來個臨別巡禮；然後進雇姆百貨公司買俄羅斯娃娃，在頂樓一家俄羅斯餐廳用餐，點了兩碗熱湯、一客豬排飯、一份像韭菜盒裡面包有魚和菜，屬於俄羅斯的家常菜，物美價廉。

紅箭號夜快車

莫斯科到聖彼得堡，有班夜快車，兩站互以對方城市命名；晚上十一點五十分從莫斯科的聖彼得堡車站出發，睡一覺，第二天清晨八點左右抵達聖彼得堡的莫斯科車站。一列班車掛有十八個車廂，真是浩浩蕩蕩。

這列火車多數是臥舖，有上下共四個床位的三等車廂，有兩張單人床的二等車廂，一等車廂則只放一張床。車廂前面有供應熱開水，洗手間乾淨整潔。我們買的是一間兩床的二等車廂。

今天要告別莫斯科了，玩到七點才搭車回旅館，整理好行李，下樓請櫃台幫我們訂十點的車去聖彼得堡車站。

十點，計程車來了，櫃台領班請司機進來，詳細告訴他載我們去車站，請他一定要把我們帶到候車室，並明白指出我們要搭的班車，司機頻頻點頭。我們謝過領班的貼心服務，上車往聖彼得堡火車站出發。

　　到了車站，司機停好車，領我們到候車室，站在時刻表前面，用他有限的英語指出我們要搭的是第三排那班車，十一點五十分，第二月台，並叮嚀我們一定要注意，千萬別坐錯了。等我們複述一遍給他聽，確定準確無誤後，他才離開。

　　啊，冰冷的國度，溫暖的人情！

　　時間還早，我瀏覽其他時刻表，原來同樣時間還有另一班慢車不知開往何地，他們是擔心我們搭錯車。

　　夜深了，候車室越來越熱鬧。有拉著行李箱的觀光客，有背著大包的背包族，有提著大包小包的當地人。來了一群光鮮亮麗的義大利人，三對夫妻，拉著鮮豔的皮箱，一路談笑生風。陰冷的候車室，一下子熱絡起來。

　　外子過去問他們是否去聖彼得堡，他們親切地答說是。有一群同行的伴，心裡感到踏實不少。

　　過了不久，開始進月台，他們招呼著一起走。同樣是二等車廂，上了車，那三對夫妻離我們兩個房間。

　　安頓好行李，他們又聚集在走道上，談笑唱歌，真是一群快樂的民族！

房間裡兩邊各擺一張單人床，有條毛毯，中間一張茶几上放著兩份早餐三明治，窗口小櫃上有束假花，房間整潔舒適。

鎖好門正準備休息，忽然響起敲門聲，將門打開小縫看，原來是一位胖胖的女列車安全員，她來驗票，順便叫我們一定要鎖好門，鏈條要扣上；夜間若是有人敲門，不要隨便開門；你們兩人輪流出來上洗手間，另一個留在房裡的人要記得把門鎖好等等。鉅細靡遺，交代得清清楚楚。我們衷心謝過她，趕緊把門牢牢鎖好。

義大利人回房去了，卻玩起隔房唱和的遊戲。火車微微搖晃，伴著義大利人優美的歌聲，沉沉墜入夢鄉。

啊，明天一早就到聖彼得堡了，我們夢寐以求的艾米塔吉博物館，愈來愈近了。

◀紅箭號臥鋪

雍容華貴的聖彼得堡

火車站遇貴人

清晨七點多，從莫斯科出發的紅箭號夜快車，緩緩駛進聖彼得堡的「莫斯科火車站」。

下車後，昨晚同車的旅客陸續離開，月台上只剩少數幾位等人來接。正在躊躇該怎麼跟旅館連絡，有位東方女孩手上拿著「華僑旅行社」的紙板走上前來，用華語向我們招攬生意，我和外子喜出望外，總算可以順利溝通了。告訴她事前已訂好旅

▼紅箭號

館，昨晚傳真請他們來接，她好意幫忙連絡，得到的答案卻是無法派車來接。

「你們住的波羅的海旅館，離這裡開車要半個小時，我來安排公司的人送你們過去吧！」張小姐熱心地建議。

「那就麻煩妳了。」

女孩領我們走出車站，等公司的車子。五分鐘後，一位身穿暗藍色西裝的中年男子出現在眼前，這位溫文的男子自稱劉經理，交接好後，女孩回車站去繼續招攬生意。

上車後，劉經理自我介紹，他來自中國大陸，在聖彼得堡已經住了七年，開了家旅行社。他載我們到他公司用早餐，三菜一湯，兩人收費470盧布（大約台幣500元），還算合理。公司設在一棟舊公寓的五樓，裡面有兩間單人房、三間雙人房，廚房裡擺張桌子充當餐廳，這就是他的「華僑旅行社」，自己當老闆兼接送司機，那位張小姐是唯一的員工，負責在車站招攬生意。

我們直覺遇到貴人了，在聖彼得堡三天半的行程，全交由他安排接送，很快便展開了聖彼得堡之旅。

聖彼得堡的誕生

聖彼得堡能有今日的雍容風貌，主要歸功於彼得大帝（1672～1725）、伊麗莎白女皇（1709～1762）以及凱薩琳大帝

（1729～1796）三位沙皇的
用心建設。

　十八世紀初，彼得大帝
從瑞典手中取得波羅的海的
控制權，在涅瓦河口建立了
這座城市，1712年從莫斯科
遷都於此，於是聖彼得堡展
開了兩百年的首都歷史，並
積極擴充海軍武力。

　伊麗莎白女皇是彼得
大帝的女兒，長期生活在歐
洲，即位後便著手都市規劃
和建築風格；聖彼得堡放射
狀的道路，就在她任內打下
基礎的，聞名於世的冬宮和
凱薩琳宮亦是女皇的英明
之作。

　凱薩琳大帝是伊麗莎
白女皇的媳婦，她積極擴張
聖彼得堡的規模，網羅國內
外的建築師，將一些舊建築

▲上：飛翼船
　下：地鐵站

改建成俄羅斯古典主義風格，使得這座城市呈現出古典雅致的風貌；而冬宮裡豐富的收藏，更展現她的品味和魄力。她還征服了克里米亞半島，在黑海取得港口；積極開發西伯利亞的毛皮、林木和礦藏，為國家帶來豐富資源。

經過這幾位沙皇的努力建設，聖彼得堡成為俄羅斯的「小歐洲」，更因四通八達的運河而贏得「北方威尼斯」之稱。

彼得大帝雄才大略，喜工藝、好爭戰；在位三十七年，發憤圖強，使俄國從二流國家躍升為世界強國。為了引進西方造船術，不惜假扮成工人遠赴荷、英、奧等國工作，回國後屬行改革，創練海軍，獎勵工商業，並大肆招募外國人才，以吸收西方科技和管理制度。1709年戰勝瑞典，大擴領土；1725年與波斯爭戰，掠其三省。晚年則致力於修建聖彼得堡及教育和文化事業。

屹立涅瓦河口的彼得要塞

1709年，彼得大帝正與瑞典交戰，就開始修建這座多角形的堡壘，以便嚴密控制從波羅的海進入涅瓦河的船隻。彼得要塞，可以說是建設聖彼得堡的重要基礎。

在濕冷的氣候下，徵調兩萬多名勞工，日夜趕工，不到一年便完成。三年後，彼得大帝請來瑞士建築師，將要塞改成石造圍牆，從此，彼得要塞雄踞在涅瓦河口。

彼得要塞▶

　　要塞的外面是一帶狹長的小河灘，而高高築起的圍牆內則有碉堡、鐘樓和教堂，還有花木扶疏的庭園。

　　彼得要塞當初的目的是抵禦外侮，但是建好後並未發揮戰略功能，後來卻成為監禁政治犯、執行槍決的場所。

　　物之為用，人心所繫大矣哉！

百變噴泉──彼得夏宮

　　1709年，彼得大帝戰勝瑞典後，決定在芬蘭灣邊建造這座夏宮，以資慶祝。除了宮殿和花園造景，更有各式各樣的噴泉景觀。

十八、十九世紀，夏宮一直是沙皇家族的夏日居所，華麗的大宮殿將上花園和下花園區隔開，宮殿正前方有座階梯狀的大瀑布，高低落差約二十公尺。瀑布兩旁矗立著許多金黃色雕像，當泉水噴出，晶瑩的水珠灑在金色雕像上，在陽光下閃爍輝耀，好似一場金光秀；噴泉休息時，靜止的雕像依舊眩目迷人。

　　大瀑布下方有條直通芬蘭灣的水道，景致可延伸到海邊。沿著水道，穿過花園，來到海灣邊，外子找到入畫的角度，便攤開畫布，陶醉在迷人的景致中了。

　　我獨自遊走在迷宮般的花園中，發現還有兩座小巧的宮殿，

▼噴泉

周圍散佈著各式奇特的噴泉，徜徉其間，往往撞見饒富趣味的噴泉而得到意外的驚喜。

莊嚴宏偉的聖以薩克大教堂

聖彼得堡最宏偉的教堂是聖以薩克大教堂，內部可容納一萬四千人，每年舉行八十多個大小宗教儀式。這座教堂是為了紀念彼得大帝的誕生而建，恰巧他的生日5月13日也是聖人以薩克的祭祀日，故命名為聖以薩克大教堂。

1717年，在靠近涅瓦河岸起建大教堂，由彼得大帝親自監工，但因土質鬆軟，無法承載建物重量，1735年被一陣落雷燒燬。

1818年在現址重建，由一位沒沒無聞的建築師設計完工。他花了五年時間，動員將近十三萬人次來進行穩固地基的工程，然後才建造教堂主體，最後的圓頂則大膽採用鋼骨結構取代磚塊設計，以減低重量負荷，使得這座宏偉的教堂能夠屹立不搖。彼得大帝當年的宏願，終於可以永垂不朽。

我們沿著教堂旁的環形階梯爬上眺望台。攝氏三度，寒風凜冽，鐵製扶手冰凍入骨，半途中竟然下起冰雹，黃豆般的顆粒猛打在臉上，又痛又刺，真想打退堂鼓。

外子說：「上去吧，就快到了。」咬緊牙根往上爬，到得上

頭，哇，皇天不負苦心人！眼下的聖彼得堡，又是另一番景致，而冰雪中的黃金圓頂，就在眼前閃閃發光呢！

冰雹中的聖以薩克大教堂，留下莊嚴、寒凍的記憶。

怪胎標本──昆特斯卡莫博物館

「昆特斯卡莫」字義為藝術館，但是這棟藍色建築裡的收藏品卻是畸形人標本及解剖標本，一般人叫它「怪胎博物館」，進去參觀，包準你留下難忘的記憶。

1697年，彼得大帝前往荷蘭參加解剖學大師盧斯其的解剖學課程，對他收藏的標本深感興趣，1717年舊地重遊，向盧斯其買下兩千多件標本，次年建了這座博物館，展示他驚人的收藏。

畸形兒的標本用伏特加酒浸泡在玻璃罐中，有雙頭嬰、四腳嬰、兩臉嬰……在陰暗的空間觀看這些發白的標本，直令人毛骨悚然。外子則以醫學的眼光，用心觀察，還詳細地做了筆記。

另外有人類學及民族學的展示廳，展出世界各地的風俗、服裝及手工藝品等，可以說是聖彼得堡最好的民俗學博物館。

幸好有這個民俗展場，舒緩了先前參觀畸形兒標本時，糾結在心頭的疙瘩。

輝煌的俄羅斯文化

彼得大帝厲行現代化政策，打開了一向封閉的國門，使得俄羅斯民族能夠吸收西方文化，漸漸地創造出自己的文化風格，十九世紀，聖彼得堡在文學、藝術上大放光彩，而成就了一個強盛國家所應具備的深厚文化內涵。允文允武的彼得大帝，將俄羅斯推上強國之列。

詩人普希金（1799～1837）說：

世上沒有幸福，但有安寧和自由。

他的詩文中一再強調的「自由」，深深震撼了俄羅斯民族的思想。

文學泰斗托爾斯泰（1828～1910）說：

一切不是為自己，是為上帝……
你不快樂，那就改變生活，因為上帝存在生活中。

他在《戰爭與和平》裡，藉由一位青年貴族，因經歷戰爭而

性格產生極大的蛻變；在《安娜·卡列尼娜》中，則經由安娜的嘴，揭開上流社會的虛偽與罪惡。

小說家杜思妥也夫斯基（1821～1881）也說：

> 希望若失去了，而生命卻單單地留下，前面尚有漫長的生命之路要走，你不能死，即使你不喜歡生。

在《卡拉馬助夫兄弟們》書中，杜斯妥也夫斯基藉著複雜的人物心理，細膩地傳達出重要的思想理念。透過大師的筆，讀者可以看到人性深處難以啟齒的、無奈的慾望和痛苦的矛盾；我在大學時期，因為著迷於小說裡描寫市井人物的愁苦和悲哀，忍不住利用一些枯燥的課堂專心看完它，當年雖然囫圇吞棗，但書裡那股濃濃的愁苦，還是把人悶得喘不過氣，而今親臨小說中的場景，內心不覺又泛起一絲淡淡的哀愁。

作家用生動的筆觸描繪這座城市的景象和人物，直到今日，市內的房舍等建築，仍是俄國文學的重要舞台。他們的作品凝聚成一股力量，鞭策著俄羅斯不斷成長，非但創造了俄羅斯文學的巔峰，深邃細膩的筆觸，撫慰了多少國內外的讀者；追求民主自由的精神，更鼓動了社會革命。

華麗豐富的艾米塔吉博物館

艾米塔吉博物館（State Hermitage Museum）又稱冬宮博物館，它的建築包括冬宮、小艾米塔吉、大艾米塔吉、新艾米塔吉和艾米塔吉劇院等五座建築，前面四棟建築內部連結成一個大宮殿，艾米塔吉劇院則是凱薩琳大帝個人享用的劇場。展品大約二百六十萬件，四百多間展覽廳，房間超過一千個，光是走馬看花，想走完每個宮殿，就要花上大半天，更遑論仔細觀賞大師們的傑作了。

它的收藏品除了西歐繪畫，還有古希臘和羅馬的大批文物；古埃及與兩河流域的珍品；中國部分特別重要的是一批從敦煌洞窟中運出來的壁畫和彩塑；其他還有印度、伊朗、中亞各國的文化藝術收藏。大致分為繪畫、雕刻、珠寶、家具、古錢和考古文物等，數量之豐富，令人嘆為觀止。

這座位在涅瓦河畔的博物館，是俄羅斯巴洛克主義的代表作，奠基於伊麗莎白女皇時期，1754年～1762年完成這座足以炫耀國力的冬宮，作為皇室居所；1712年～1918年，遷都於聖彼得堡，冬宮成為全國統治中心，長達二世紀之久。

凱薩琳大帝即位後，積極進行藝術品的收藏計劃，下令派駐

各地的大使搜購整套系列的藝術品；接著陸續擴建，以放置她大量的收藏品。

話說，有次凱薩琳大帝在冬宮宴請俄國名流貴族，當時的上流階層都崇尚法文，當中一位貴族讚嘆說：「艾米塔吉！」（意即隱士之居），這個名稱便被流傳下來。

直到1852年，尼古拉一世在位時將冬宮開放成為博物館。

二十世紀初葉，社會主義革命，更將各地沒收的私人收藏集中到這裡，大大增加了館藏數量。二十、三十年代，蘇維埃政府全面開放博物館的每一座建築，從此尋常百姓得以一窺皇室的神祕風采。

▼冬宮

一場華麗的藝術饗宴

到旅館辦好入住手續，便迫不及待地趕往冬宮博物館。

參觀博物館常會遇到館藏豐富、時間卻有限的困擾，我們的經驗是先做好功課，再依停留的時間加以取捨，往往能夠盡興而歸。

登上當年各國使節晉見沙皇的豪華約旦梯廊，我們直接上冬宮的三樓，欣賞法國十九世紀後半葉從印象派、野獸派到立體派藝術家的精彩作品。

這裡收藏了十七世紀法國古典主義大師普桑和洛漢的作品；法國十九世紀後半葉及二十世紀初期的精彩作品，莫內的《荷花池》和《倫敦濃霧》等，顯示出大師對藝術不同階段的探索。

冬宮博物館也收藏了不少後期印象派的精品，如梵谷的《麥田》呈現一片翠綠祥和；高更的《大溪地》系列，散發出濃濃的大溪地風情；而畢卡索的三十幾幅畫，顯現出從「藍色時期」進入「粉紅色時期」的脈絡，隱隱中更能感受到大師開創「立體派」的動力。

最最讓人著迷的是野獸派大師馬諦斯，舉世聞名的大幅作品《舞蹈》和《音樂》，流連其間，令人驚嘆連連。當一眼望見《舞蹈》時，差點驚叫出來，五位手牽手的紅色裸舞者，在大塊

藍和綠的襯托下，呈現出簡單而強烈的律動；《音樂》的背景同樣是大塊的綠和藍，綠色草地上一位站著拉提琴，一位坐著吹笛，另外三位雙手抱膝而坐，引吭唱和，五個人神態輕鬆自如。此外在《紅色和諧》裡，畫家用桌上的靜物、窗外的樹木和下方的一把椅子，巧妙地把紅豔豔的畫面安排得賞心悅目。

啊，藝術的魅力，是如此地迷人！

其他還有掛滿三十六展覽廳的義大利畫作；超過一千五百件的荷蘭以及法蘭德斯地區的佳作，尤其是光影大師林布蘭特的《浪子回頭》和《紅衣老人》等；西班牙十七世紀如哥雅和委拉斯奎茲等大師的作品也都在列。

兩個畫癡，流連在寶藏中，一廳又一廳，來回兩三次，猶覺不過癮，臨別時，又從老遠直奔前去，對那些曠世巨作致上深深的禮讚。

其他如「黃金會客室」、「孔雀石廳」和「閣樓」等等，金碧輝煌，一個皇朝的富裕程度，真令人難以想像。富貴而有品味，嘉惠後世，不也是一椿功勳嘛！

啊，藝術就是力量，華麗的裝飾加上豐富的收藏，使它與紐約的「大都會」和巴黎的「羅浮宮」並列為世界三大美術館，更象徵聖彼得堡和俄羅斯強大的國力。

魚子醬的滋味

我們從早上進去，直到傍晚才出來，啊！聖彼得堡，藝術盈滿的一天。

在冬宮後方的一家餐館用晚餐，從狹窄的台階往下走，進入其中後竟是別有洞天，拱圓形的天花板和四周的牆壁上，彩繪了充滿哈薩克風情的圖畫。

劉先生得知我們餓壞了，幫忙點了兩小碟魚子醬、兩碗熱湯、兩杯啤酒、兩個烤餅和兩份牛排。晶亮的魚子醬入口即化，說不出的好滋味；喝下熱湯，全身細胞活絡了起來；牛排可口，而那兩個外脆內軟的烤餅，熱烘烘的，嚼在嘴裡不

▲上：華麗餐館
　下：美食

斷釋出麵香味，好吃極了。前面的舞台上，有歌唱、有肚皮舞表演，充滿歡樂氣氛，我們吃得心滿意足。

兩天後，忍不住又再度光臨。

音樂與舞蹈的搖籃

馬林斯基芭蕾歌劇院是俄羅斯芭蕾舞的發源地，1860年成立以來，不斷推出精彩的舞劇。對街的柯爾薩克夫音樂學院，1862年由音樂大師魯賓斯坦（1829～1894）擔任第一任校長，培育出無數的音樂菁英，浪漫派大師柴可夫斯基（1840～1893）即畢業於這所學院。另一座位在運河畔的基洛夫學院歌劇院，與莫斯科的波修瓦歌劇院齊名，也經常上演高水準的舞劇。

音樂與芭蕾舞，是俄羅斯的重要文化資產，聖彼得堡市區內共有一百多座大小劇院，看藝術表演是俄羅斯人生活的一部分。國際水準的演出和平實的票價，是讓藝術進入平民生活的重要因素，也使得俄羅斯戲劇能夠保持聲望不墜。

柴可夫斯基的《天鵝湖》、《胡桃鉗》和《睡美人》等著名的芭蕾舞劇，幾乎是馬林斯基劇院每季必演的劇碼。

這位俄羅斯的浪漫派作曲家，創作十分豐盛：小提琴協奏曲、鋼琴協奏曲、交響樂、歌劇和芭蕾舞劇等，不論那種曲式，都是傑出的大作。

大師說：

若不是為了音樂，人真要發狂。

又說：

只有從藝術家靈魂深處傾瀉出來的音樂，才能夠感動聽眾。

音樂，釋放了大師囚禁在苦悶人間的靈魂，為它覓得一方清靜地。

1881年，魯賓斯坦去世，柴可夫斯基寫了一首鋼琴三重奏《一位偉大藝術家的追憶》以示悼念。來俄羅斯旅遊的半年前，正迷戀這首樂曲，小提琴悠悠拉出幽微的思念，接著鋼琴彈奏出澎湃之情，大提琴則一路低低唱和，三者時而獨訴，時而合唱，糾結纏綿的音符，從大師的胸臆間源源湧出，表達對恩師的無盡追思。只要在家，重複聽它大半天也不厭倦，呵，音樂之魅力，直可以勾引人的神魂！

十九世紀時，芭蕾舞和歌劇在俄羅斯迅速崛起，馬林斯基劇院因而聞名於世，更成為歷任總統以藝術款待外國元首的首選劇院。

我們也分享了俄羅斯這份豐沛的資糧，一晚聆聽鋼琴獨

奏，曲目是柴可夫斯基的作品；另一晚則去欣賞芭蕾舞劇《吉賽兒》，淒美的故事，透過舞者的肢體傳達出來，格外令人感動。

1893年，柴可夫斯基完成第六號交響曲《悲愴》，11月初便離開人世。

俄羅斯的近代史給柴可夫斯基、托爾斯泰和列賓在音樂、文學和美術上的定位是「俄羅斯大地上的三位天才」。

沙皇村和凱薩琳宮

沙皇村是個佔地567公頃的皇室度假勝地，是彼得大帝的妻子凱薩琳一世的夏日行宮。詩人普希金曾在此地度過六年求學生活，因此，沙皇村又稱為普希金村。

來到這裡，目光立刻被那棟藍白相間、巴洛克式的凱薩琳宮深深吸引住。

這座1710年建成的宮殿，是彼得大帝送給第二任皇后凱薩琳一世的禮物，外觀和內部設計豪華而溫馨，皇后和公主（伊麗莎白女皇）在這仙境般的皇宮裡，度過一生重要的日子。

皇后死後，宮殿歸伊麗莎白所有，1744年，她大肆整修，將宮殿改建成氣派宏偉的庭園宮殿。南側有個大池塘，靜靜的池面，把塘邊的建築和花樹倒映在水中，呈現出亦虛亦實的絕妙景致。

外子相中了滿意的角度，開始專心繪畫，我則獨自往林蔭深處行去。四下靜悄悄地，只偶爾出現鳥鳴聲，不經意間往往會遇見涼亭或小橋，這些娟秀的點綴，隱隱透出女皇細緻的巧思，漫步其間，享受貴族般的悠閒，一樂也！

在宮殿大廳遇見一群參觀出來的小學生，看到我這個東方面孔，爭先恐後地極力擠出幾句英語，拿出筆記本，要求簽名。我從善如流，在本子上簽下中文名字，孩子們個個高興得樂呵呵的，這下換我要求他們讓我拍照了。

俄羅斯新生的一代，勇敢活潑，天真的臉頰上，我嗅到如春天般的朗朗朝氣。

▲上：凱薩琳宮
　下：學童

基督復活大教堂

　　基督復活大教堂又稱為「血之救世主教堂」。這座在運河邊的教堂，造形鮮豔多彩，給人活潑明亮的感覺，卻有著血腥的別名，這是因為1881年5月，俄國農奴革命時期，沙皇亞歷山大二世（1818～1881）在此處被恐怖份子暗殺，激起全國上下的憤怒，為了追思這位對俄羅斯貢獻良多的明君，繼任者亞歷山大三世（1845～1894）在這裡建立教堂以紀念這事件。

　　黃昏時，我們來到色彩繽紛的教堂，霞光灑在貼滿金箔、彩

◀俄羅斯娃娃

釉瓷磚和彩色大理石的牆面上，整座教堂更顯繽紛、豔麗了。外子看準了角度，便開始揮動畫筆。我則四處遊走，赫然發現另有三位本地畫家，也正埋頭描繪美麗的教堂呢！

不遠處有個跳蚤市場，遊人如織，個個俯身向攤位，專心挑選可愛的俄羅斯娃娃和手工藝品。

天空突然下起陣雨，風急雨斜，趕回外子畫畫處，撐起雨傘，在寒凍中為他擋風遮雨，讓他專心完成畫作。

古人有書僮，今人有畫僮，牽手同遊，其樂樂何如？只有身歷其境，方得個中甘美！

天才詩人普希金

普希金被尊為俄羅斯的文學泰斗和俄羅斯詩歌的太陽，他受到俄羅斯人民敬愛的程度，從地鐵、劇院、美術館、甚至沙皇村等等地方都喜歡以他為名，可見一斑。

普希金是位天才，長相雖然不夠英俊，卻能憑著機智幽默而出盡風頭；一生充滿了傳奇，受過貴族教育、遭到流放、參加反沙皇政權集會等，1837年春天，與人決鬥身亡，結束了短暫卻輝煌的三十八年生命。他的創作極廣泛，在抒情詩、敘事詩、歌劇、小說、散文、童話等各種體裁都有傑出的表現。詩人已遠逝，但提倡自由的詩歌卻流傳久遠。在《紀念碑》裡詩人寫道：

我的靈魂將越過腐朽的骨灰永生。

我的名字將會遠揚，

哪怕月光下的世界僅有一個詩人留下。

我將被人喜愛，永遠懷念，

我的詩歌所激起的善良的情感，

我在這冷酷的時代歌頌自由，並號召同情那些倒下的人。

我在這冷酷的時代歌頌自由，並號召同情那些倒下的人。

普希金雕像▶
普希金像▼

亞歷山大·涅夫斯基修道院

　　拜訪這座古老的修道院，是為了到教堂後方的名人墓，去向心儀的幾位大師致敬。大音樂家柴可夫斯基、林姆斯基、高沙可夫等，文學大師普希金和杜斯妥也夫斯基都被安葬在這裡。雕像和墓碑具有藝術氣息，墓碑前供有鮮花，足見他們多麼受到愛戴。

　　陽光灑落在墓碑上，細碎的光影，恍如一段優美的迴旋曲，又似一首雋永的詩句，大師們的肉身雖已長眠地下，神魂卻仍然守護著他們深愛的土地。

文學咖啡館

　　今天下午就要離開聖彼得堡了，充分利用時間到著名的「文學咖啡館」去。

　　十九世紀著名的作家普希金、杜斯妥也夫斯基等人常來這裡與其他文人聚會，因此成為文人匯集的場所，而今，斯人已杳，館內冷清，卻給了遠來的旅人一份沉靜的氛圍。

　　點了杯咖啡，在濃濃咖啡香中，舉杯向雍容華貴的聖彼得堡輕輕告別！

牽手‧遊於藝
——探訪歐洲藝術寶庫

意外的彩色

　　十多年前，外子提起彩筆，重拾學生時代的興趣。原本只想為繁忙的醫師生涯增添一些調劑，沒想到這一提筆，竟是不可收拾，繪畫，已然成為生命中不可承受之「色」！十多年來，已經舉辦了六次個展。

　　二十多年的歲月裡，參觀世界各地的美術館，欣賞古今諸多大師的傑作，對外子的心靈產生極大的催化作用，終至蘊釀成創作的泉源，而畫出一幅幅的作品。繪畫與旅遊，看似無關，卻又有著密不可分的連結。

　　旅途中，點點滴滴的收穫，經過歲月的淬煉，逐漸轉化成智慧的結晶。使我們的眼界更開闊、胸臆更豁達、心思更溫柔。

　　哦，旅遊真好！與牽手共遨遊，真美！

牽手，遊於藝
——探訪歐洲藝術寶庫

國家圖書館出版品預行編目

牽手，遊於藝：探訪歐洲藝術寶庫 / 阡陌著.
-- 一版. -- 臺北市：秀威資訊科技, 2010. 07
  面； 公分. --（歐洲地區；TO0002）

BOD版
ISBN 978-986-221-485-5（平裝）

1.旅遊文學 2.人文地理 3.歐洲

740.9   99008494

 歐洲地區 TO0002

阡陌雲影2
牽手，遊於藝 —— 探訪歐洲藝術寶庫

作   者/阡 陌
發 行 人/宋政坤
執 行 編 輯/詹靚秋、蔡曉雯
圖 文 排 版/鄭維心
封 面 設 計/陳佩蓉
數 位 轉 譯/徐真玉 沈裕閔
圖 書 銷 售/林怡君
法 律 顧 問/毛國樑 律師
出 版 發 行/秀威資訊科技股份有限公司
       台北市內湖區瑞光路583巷25號1樓
       電話：02-2657-9211   傳真：02-2657-9106
       E-mail：service@showwe.com.tw

2010 年 7 月 BOD 一版
定價：240 元

讀 者 回 函 卡

感謝您購買本書，為提升服務品質，請填妥以下資料，將讀者回函卡直接寄回或傳真本公司，收到您的寶貴意見後，我們會收藏記錄及檢討，謝謝！
如您需要了解本公司最新出版書目、購書優惠或企劃活動，歡迎您上網查詢或下載相關資料：http:// www.showwe.com.tw

您購買的書名：＿＿＿＿＿＿＿＿＿＿＿＿＿＿＿＿＿＿＿＿＿＿＿＿

出生日期：＿＿＿＿＿年＿＿＿＿＿月＿＿＿＿＿日

學歷：□高中 (含) 以下　　□大專　　□研究所 (含) 以上

職業：□製造業　□金融業　□資訊業　□軍警　□傳播業　□自由業
　　　□服務業　□公務員　□教職　　□學生　□家管　　□其它＿＿＿

購書地點：□網路書店　□實體書店　□書展　□郵購　□贈閱　□其他

您從何得知本書的消息？

□網路書店　□實體書店　□網路搜尋　□電子報　□書訊　□雜誌

□傳播媒體　□親友推薦　□網站推薦　□部落格　□其他＿＿＿＿＿＿

您對本書的評價：（請填代號　1.非常滿意　2.滿意　3.尚可　4.再改進）

　封面設計＿＿＿　版面編排＿＿＿　內容＿＿＿　文／譯筆＿＿＿　價格＿＿＿

讀完書後您覺得：

□很有收穫　□有收穫　□收穫不多　□沒收穫

對我們的建議：＿＿＿＿＿＿＿＿＿＿＿＿＿＿＿＿＿＿＿＿＿＿＿＿

＿＿＿＿＿＿＿＿＿＿＿＿＿＿＿＿＿＿＿＿＿＿＿＿＿＿＿＿＿＿＿＿

＿＿＿＿＿＿＿＿＿＿＿＿＿＿＿＿＿＿＿＿＿＿＿＿＿＿＿＿＿＿＿＿

＿＿＿＿＿＿＿＿＿＿＿＿＿＿＿＿＿＿＿＿＿＿＿＿＿＿＿＿＿＿＿＿

11466
台北市內湖區瑞光路 76 巷 65 號 1 樓

秀威資訊科技股份有限公司　　　收

BOD 數位出版事業部

··

（請沿線對折寄回，謝謝！）

姓　　名：＿＿＿＿＿＿＿＿　年齡：＿＿＿＿　性別：□女　□男

郵遞區號：□□□□□

地　　址：＿＿＿＿＿＿＿＿＿＿＿＿＿＿＿＿＿＿＿＿

聯絡電話：(日) ＿＿＿＿＿＿＿＿　(夜) ＿＿＿＿＿＿＿＿＿

E-mail：＿＿＿＿＿＿＿＿＿＿＿＿＿＿＿＿＿＿＿＿